圆桌对面的孩子
——红色高跟鞋

鞠慧 著

图书在版编目(CIP)数据

圆桌对面的孩子.红色高跟鞋/鞠慧著.—济南：济南出版社,2016.6(2018.9重印)
(中国好少年金盾丛书)
ISBN 978－7－5488－2083－3

Ⅰ.①圆… Ⅱ.①鞠… Ⅲ.①青少年犯罪—案例—中国 Ⅳ.①D922.183.5

中国版本图书馆 CIP 数据核字(2016)第 093584 号

中国好少年金盾丛书
圆桌对面的孩子.红色高跟鞋　鞠慧 著

图书策划	郭　锐
责任编辑	陈玉凤
封面设计	焦萍萍　刘　畅
封面绘画	王桃花
内文插图	孔巧丽
出版发行	济南出版社
地　　址	山东省济南市二环南路 1 号(250002)
电　　话	(0531)86131730
网　　址	www.jnpub.com
经　　销	各地新华书店
印　　刷	山东省东营市新华印刷厂
版　　次	2016 年 8 月第 1 版
印　　次	2018 年 9 月第 2 次印刷
开　　本	150 毫米×230 毫米　16 开
印　　张	11.75
字　　数	116 千
印　　数	5001—8000
定　　价	28.00 元

法律维权　0531－82600329
(济南版图书,如有印装错误,可随时调换)

这不是一张普通的圆桌（代序）

李厥瑞

鞠慧女士是一位非常有责任感的作家，她长期从事青春文学的创作，佳作颇丰，屡获大奖。在第21个"世界读书日"，鞠慧女士代表济南市作家协会向山东省在押的未成年犯赠送了自己的作品，并且发表了热情洋溢的讲话，鼓励未成年犯好读书，读好书，展现了一位作家的爱心和良知。她曾赠送我两本书，一本是《丁香季》，一本是《幸福列车》。细细品之，萌动的青春气息扑面而来；幸福的烦恼，叛逆的躁动，活跃于灵动的文字间；"心理断乳"形成的暴风骤雨，成长的阵痛，令人回味思索。为青春讴歌，为明天唱响，正是时代的最强音！

然而，人类历史再灿烂，未来再梦幻，一块伤疤仍然隐隐作痛，因为文明需要付出代价，美丽需要丑陋作为背景。历朝历代都有消灭犯罪现象的企望，但犯罪如影随形，特别是未成年人犯罪问题正在成为世界性公害。

作者第一次涉足犯罪题材，没有猎奇探秘，没有渲染夸张去博眼球，没有功利地生编硬造、捕风捉影，而是以"圆桌"为基点，以真实的事件和人物，接入"地气"，深度思考，以小见大，剥茧抽丝，感性入手、理性升华。在当下泛滥的学术浮躁和空虚之中，作者能真正俯下身子，踏踏实实地做一件实实在在的事，一件对预防未成年人犯罪有益的事，这也是一个文学家的情怀使然。

"圆桌审判"是现代少年司法制度的重大改革，在公诉庭审过程中，公诉人、审判人员、法定代理人、指定辩护人与未成年被告人同坐一圆桌，控、辩、审三方与未成年被告人进行"零距离"对话，以缓解未成年人参与刑事审判的恐惧和抵触心理。未成年人犯罪与成年人犯罪的显著不同在于，未成年人的犯罪归因多源于客观，而成年人主观故意居多。未成年人之所以犯罪，管教监护责任的缺失是重要因素。而成年人犯罪，则往往是咎由自取。输在起跑线上，固然可悲，但跌倒了爬起来，后来也可以居上。对未成年人犯罪宽容而不纵容，对犯罪的未成年人最大可能地予以司法保护，是经司法实践证明的最有效的模本。"圆桌审判"一改法庭森严的压力，使审判动之以情，晓之以理，导之以矩，不失法律的严肃，体现人文关怀，保护未成年人的权益，代表刑事诉讼的文明方向。小小圆桌上的话题,个个都是沉重的,作者以"新闻眼"敏锐地观察到了其中蕴含的精神动能,特别是警示的震撼力,她以所见、所感、所悟,用纪实文学的手法,将文学欣赏和法制教育糅合在一起。那一个个活生生的案例,不论是对青少年还是对家长对社会,都有很好的警示和教育作用。开卷有益,耳目一新,入心入脑。

这是一部关于未成年人犯罪问题的文学力作,作者以女性的细腻洞察力,对20个案例进行了透彻分析,语言生动,脉络清晰。更重要的是,它融入了作者对下一代健康成长的关爱和责任,看似冷冰冰甚至血淋淋的事件,读起来却有温度,令人有一种使命般的担当冲动。

未成年人犯罪都是"因小失大"酿成祸患,看似很小的一件事情,却可能引发"轩然大波"。仅仅是怀疑别人盗东西,便去网上"人肉",使舆论旋涡中一个花季少女从九楼跳下;为了一双红色高跟鞋,满足虚荣之下的贪婪,女孩伸出纤纤细手沦为盗徒;不堪打骂,惊梦之后,儿子杀死酒鬼父亲……这些案件的背后,是社会、家庭、学校、文化、教育、管理等方面的种种缺失,孩子"欠"别人的,我们却"欠"了孩子的。

党和国家高度重视未成年人的犯罪问题,社会各界在犯罪防范方面做出了不懈努力和积极探索。习近平总书记指出,十年树木,百年树人。祖国的未来属于下一代。做好关心下一代工作,关系中华民族伟大复兴。我们期待明天会更好!为下一代的健康成长做一点事情,正是你我他的共同担当。

  我为作者的真诚与用心所感动,因为我们做的是同一件事情,我们的前进方向是同一个目标。所以,我才拿起了笔,算是为作者鼓与呼吧!

  (李厥瑞,山东省未成年犯管教所所长,山东省法学会青少年犯罪研究会副会长)

前　言

每参加完一次少年审判法庭的庭审，我的内心都无法平静。脑海里来来回回翻滚着的，是一张张孩子的面孔。

每个孩子脸上的表情各不相同，或茫然，或羞怯，或悔恨，或无所谓。而那些家长，木讷、愤恨、心痛、无奈、伤心……各种各样描述不清的表情与心境。

每一张面孔后面，都有一个令人心痛的不该发生的故事。那些面孔和那些不该发生的故事，像电影一样在眼前上演着。谁是这个片段的主角？谁又是另一个片段的主角？每一个孩子，他们生长在怎样的家庭，他们成长的轨迹，他们的长相，在我脑海里都清清楚楚，从没有被混淆过。

我是一个有中度脸盲症的人。之前曾经见过的人，可能是一起开过会、一起吃过饭的人，等到下次再相遇的时候，我却记不起对面微笑着打招呼的那个人到底是谁，我们到底何时在何地相见、相识。有时，我甚至觉得对面的那张脸，完完全全是陌生的，脑海里对其没有半点印象。为此，我常常很尴尬，也很苦恼。久而久之，我在公众场合便不太敢与别人对视，怕眼前这个人是曾有过交集，自己却完全把他当成陌生人，这是很不礼貌的。

不知道为什么，圆桌对面的那些面孔，虽然只是一面之交，虽然和他们的相处时间很短暂，但他们的面孔深深地印在了我的脑海里。那一张张看起来或羞怯或平静或无助或茫然或无所谓的稚嫩面孔，就在眼前。连我自己都奇怪，被公认记性不好的我，在对待圆桌对面的那些孩子的时候，为什么突然就有了这么好的记性呢。

这本书，是我参加少审的真实案例。刚开始写的时候，我想写20个案例，把20个不同事件告诉大家。有时我会想，但愿永远也不要有这20个，哪怕我是法官，哪怕我会失业，也不要有这20个。但是，现实是残酷的。五年的时间，我的庭审笔记本就满得难以再盛下任何文字，就如我的心一样。

案例的书写过程，也是我对一个个失足少年的所作所为进行回忆梳理的过程。那些稚嫩的面孔，在脑海中穿梭。我的心情，便再无法平静。

从未如此痛苦地去写一本书。

如果这本书，能够引起曾走过弯路的孩子的思考，能够让正在学走路的孩子们，不再像这些孩子一样跌倒。我想，这一切，都是值得的。

我们的这些孩子，这些不幸坐在了圆桌对面的孩子，他们是阳光一样的花季少年，本该在知识的海洋里愉快地徜徉，在社会和家庭里感受爱与温暖，在父母的呵护下愉快地成长。他们就像田里的小苗，接受着阳光、雨露的滋润，理应幸福快乐地茁壮成长。

可是，这些孩子，却不幸来到了这里，来到了少年审判法庭，坐在了圆桌的对面。尚显稚嫩的双手，被冰冷的手铐牢牢地铐住。孩子，这是你不想要的，你的父母亲朋不想要的，连我们这些素不相识的人，也同样是不想看到你这样啊！

残酷的现实，任何人都无法更改。除非，在事情发生之前，你能正确地认识社会、认识朋友、认识自己；在做那件事之前，你能想到后果，想到将来，想到自己的人生之路。

于是，我就想把这些孩子的足迹记述下来，让他们回过头来好好看看，自己到底是在哪一段路上，误入了歧途。同时，也让这些孩子的家长、老师想一想，自己是在哪里，在孩子最应该得到呵护和关爱的时候，没有好好地保护他们。此外，也想让更多正在学走路的孩子们，少走偏路、弯路，让他们知道，前方的路应该如何去走，才不会跌倒。

即使是成年人，在人生的道路上，也难免会有一刹那的迷失，更不用说孩子了。那一桩桩案例，那一个个与鲜血和泪水糅在一起的事件，到底为什么发生？是因为孩子的无知、好奇、冲动、顽劣，还是因为家长和学校的关爱不够、沟通不畅、措施不当？

希望这些活生生的流淌着血与泪的案例，能让孩子们在即将迷失的一瞬间，猛然惊醒，重新走回到正确的人生之路。

在此书的写作过程中，我有幸得到了各级领导和众多亲朋好友的支持与帮助。感谢山东省未成年犯管教所、山东省法学会青少年犯罪研究会、中国作协、山东省作协、济南市作协、济南市中级人民法院和济阳县人民法院的领导和朋友们。特别是济阳县人民法院研究室杨名峰主任和刑事审判庭南雁法官，感谢他们在百忙中对每个案例中涉及的相关法律、法规条款进行了严格把关。在此一并深表感谢！

鞠慧

2016年5月

目录

幸福时光 KTV　／ 001

"人肉"之痛　／ 017

无聊之作　／ 032

红色高跟鞋　／ 053

我爸是书记　／ 069

千亩地里那棵苗　／ 085

枯井中的女婴　／ 101

代　价　／ 118

忍无可忍之后　／ 136

为了"美丽"　／ 153

后　记　／ 172

厉斯腾档案：

厉斯腾，男，中专学历，某食品加工厂维修工。身高1.79米，体格健壮。案发时，厉斯腾17岁零9个月。

幸福时光 KTV

关键词：

KTV 酒后 消费 砸

案件回放：

周末，刚领了工资的厉斯腾，下班后约了朋友一起来到幸福时光 KTV（提供影音设备与视唱空间的场所），要了个包间，喝酒、唱歌。晚上近十二点，几个人差不多都醉了。结账的时候，厉斯腾跟 KTV 老板吵起来。两个人的争论很快升级到了相互对骂。随后，他抓起吧台上的账单，几下撕碎，扔到了老板的脸上。厉斯腾借着酒劲，从门外的车里拿出了扳手和铁棍，和那几个朋友一起，把 KTV 的门窗玻璃和店内的冰柜、吧台等砸坏后，扬长而去。

不到两小时，警察将在出租屋里呼呼大睡的厉斯腾及其同伙抓获归案。到案后，厉斯腾对其犯罪事实供认不讳。

一

到幸福时光 KTV 去唱歌,是一周前就定下的。那时,我要到上海学习三个月的登记表已经交上去了。芊芊的父母也不再要死要活地阻拦她跟我交往。

"你小子真是好事成双啊,啥时去贺贺吧!"那天快下班的时候,深震说。

深震是我中专同班同学,巧的是,毕业后,我们俩又在同一个车间工作。我做维修,他做质检。

"没问题。等这个月工资发下来,咱就出去撮一顿。"我笑着对深震说。

"好,别忘了呀!"

"看你说的,这事哪会忘啊!这回咱不去'满天星'了,听说镇上新开了家 KTV,咱也来个洋的,到时咱到那去 K 歌。"我跟深震说。

以往我们想聚一聚的时候,不是找个路边摊去吃小菜,就是到马路边去吃烧烤。吃烧烤的地儿都是露天的,能看到满天的星星,所以,我们每次去吃烧烤的时候,都会说:"走呀,今天去'满天星'呀!"

当然"满天星"我们也不经常去。吃一回,人均消费 40 块钱左右,五六个朋友一起,就要将近三百,半个星期的工资就没了。

我每月工资不到三千,除去日常的生活费用,我把剩下的钱都存了起来。我想等存够了首付,就在城里买套房。芊芊那么好的女孩,我不能让她跟我结婚的时候连房子都没有。

二

车间主任跟我说，等从上海学习回来，我就是维修班的班长了。那时，我的工资加补贴会涨好几百。而且，从上海学习回来的人，厂里都会重用。

我想，到了上海，一定要好好学习。现在信息更新太快了，好好学习都不一定能赶得上趟。我只有中专学历，再不好好学，就更不行了。上学的时候，就是因为太贪玩了，我才没考上大学。

等学习回来后，我更要努力地工作，不能辜负了领导对我的信任。我想，只要好好干，就会有好的回报。职务升迁了，工资也就涨上去了。不管在哪里，只要用心做事，领导总会看到的。我自己就是一个很好的例子。像我这种一没学历二没背景的人，领导点名让我去学习，那还不是看我扎实肯干！

按照以往的惯例，填好登记表交上去，其实也就等于已经是升职了。领导让谁去学习，都是开会研究好了的，那张登记表，只是个形式罢了。

芊芊说，她就是看中了我的扎实、肯干。刚开始的时候，芊芊的父母坚决反对她和我来往。听芊芊说，最近，她父母的态度缓和了不少。

三

芊芊是来厂里实习的大学生。芊芊家在城里，她爸爸是一个局长，妈妈是县医院的护士长。芊芊不仅人长得漂亮，还特别温柔，特别善解人意。

幸运的是，芊芊被分到了我们车间。

芊芊刚来的时候，厂里好多年轻人都借故到我们车间来走动，为的就是能看一眼芊芊。如果有机会跟芊芊说上几句话，真是要偷着乐半天。

开始，我跟芊芊也没啥单独的交往。每天上班能待在一起，我就感觉挺快乐的。

芊芊喜欢我，应该是从那次机器出故障开始的。

那天我休班。封口机器突然出了问题，纸板箱口怎么也封不严实。当班的维修工鼓捣了半天，也没找到毛病在哪里。没办法，这条线只能临时停下来。几十个没事干的工人，坐在一边闲聊，等了一上午，机器也还是没修好。

维修工中午连饭都没吃，把零件拆下来，又装上，反复调试，还是不行。维修工真急了，他从别的车间请来一个朋友，帮忙找原因。一中午过去了，也还是没找出问题来。

那条线上的工人，围在机器跟前，七嘴八舌地说着。维修工更着急了。

那天本来不该去车间的，我充电器忘在那里了，过去拿的时候，正赶上一堆人围着机器找问题。工友们见我来了，就说让我看看是哪里的毛病。虽然我不当班，但都是朋友，我就过去看了。结果十分钟不到，我就把故障找出来了。是一颗很小的螺丝松了，那颗螺丝虽然小，用处却不小，它藏在机器的里边，一般人不会想到是它的问题。

机器转起来了，工友们鼓起掌来。

芊芊微笑着递过来一条毛巾。我愣了一下，接住，心里忍不住怦怦狂跳起来。

四

做梦也没想到芊芊会喜欢我，我觉得那是不可能的事。我爸妈是普通工人，而且几年前就都下岗了；她爸妈都是有社会地位的人。我只有中专学历，而芊芊却是大学生。不管从哪方面看，我跟芊芊都有太大的差距。

芊芊说，她就看中我人好，说我踏实、肯干、热心、上进。

芊芊经常送东西给我，有时是些零食，有时是几本书。

芊芊刚开始送零食给我的时候，我不好意思要，她就笑着说，是妈妈买了非要她带来的，她怕自己长胖，让我帮她吃掉。"帮个忙呗，搁我这时间长了坏掉多可惜呀！"

送书的时候，芊芊说她觉得这本书不错，她已经看过了，建议我也看看。

芊芊送我的零食都是些坚果、水果之类。那些水果，不是常见的苹果、橘子、梨、香蕉什么的，而是些名字和味道都很特别的水果。芊芊说是她妈妈周末去省城的时候买给她的。

我们这个食品加工厂，是个有近千名工人的大厂，产品名气也很大。但是，厂区在一个镇上，离县城几十里地远。芊芊的妈妈怕她在这里受苦，就经常给她买些吃的东西送来。

芊芊送我的书,我也翻了翻。之所以没有仔细去读,一是没有时间,二是我觉得那些书好像更适合坐在阳台的沙发上品着茶的那种人来读。有时间我更喜欢在手机上看些好玩的东西。纸质的书,除了技术方面的,别的我都懒得看。

五

团支部组织搞"青春与理想"演讲比赛,我们车间推选我参加。

芊芊也极力鼓动我参加。她说借参加活动,可以多看好多书,多了解许多东西,能开阔眼界。

表面上我应着,可内心里我是真不愿参加。如果不是因为芊芊,我肯定第一时间就随便找个理由,跟车间主任把这事拒绝了。但我怕芊芊知道了不高兴,就先答应了下来。

为了我参加演讲比赛的事,芊芊专门回了趟县城。回来的时候,她背回来一大摞书。她说是专门找一个在图书馆工作的同学借的。为了挑选这些书,她在图书馆待了整整一下午。

芊芊说这些参考书,对我这次演讲比赛有帮助,她还说即使不参加演讲比赛,也应该找时间看看这些书。

芊芊送来的书,我放在了床前的桌子上,但一直没时间看。

青春与理想,我实在想不出来有什么好讲的。

我的理想,就是踏踏实实地做好现在的工作,能赚到更多的钱，将来能跟芊芊幸福快乐地在一起，还有就是尽快在县城买一套属于自己的房子。

我觉得，这些东西，都是很现实的，还需要到台上去讲吗？能到台上去讲吗？到台上讲的，都是些大话、空话，都是些口号，跟实际的理想没有半毛钱关系。我不想浪费那么多时间去看那些跟业务没关系的书，去费脑子写那些假大空的演讲稿。有那工夫，还不如上个网玩个游戏或跟几个哥们到小吃摊上去撸个串更爽快呢！

六

下班后，我跟芊芊约着，一起到澄波湖去玩。来到湖边，我们俩找了个平坦的地方坐下。我跟芊芊先聊了些别的，然后我跟她说，这次演讲比赛我不能参加了。芊芊马上回过头，问我为什么。我说大伯家的堂哥那天要结婚，家里让我去当伴郎。

我没有跟芊芊说谎，堂哥确实要结婚，也确实是想让我当伴郎。只是我不愿去，就一直没答应。当伴郎和演讲比赛相比，我觉得前者更容易接受一些。

芊芊说："找谁当伴郎不可以呀，你正好有事嘛。跟堂哥说说，让别人去当伴郎不可以吗？"

我跟芊芊说："当伴郎，我也不愿意去，我也无奈。可我就这一个大伯，也就只有这一个堂哥，结婚是堂哥一辈子的大事，他非要让我去给他当伴郎，我硬是拒绝的话，也不好。"

芊芊听了，没再说什么。

我跟芊芊说："厂里经常会有这样的活动，下一次，等下一次，我一定参加。到时，一定拿个好成绩给你看。"

芊芊轻轻点了点头。

其实，厂里这样的活动，我从来都没参加过。我觉得这样的活动又麻烦又没意思。

七

发工资的这天是周六。芊芊的爸妈开车过来，接她回了县城。芊芊休班的时候，她爸妈经常来接她。

上次芊芊休班回来后告诉我，她爸妈对我和她的关系，现在处于不支持也不反对的阶段。我知道，肯定是芊芊在她爸妈面前说了我许多好话。看来，芊芊的爸妈并不是那种势利的人。芊芊说等哪天我们俩都有空了，就去她家见见她爸妈。

我想，以后我一定要对芊芊好，对她爸妈好。

芊芊刚走，厂里的通知就下来了，晚上在大礼堂有个什么讲座，要求不值班的团员青年都要参加。

我给深震发短信，商量着怎样请假。说好的发工资当天出去喝酒的，我不能食言。再说，那样的讲座，我也不爱听。

最后我们商量好，找别的工友替我们签到。喝酒的事，按原计划进行。厂里那么多人，少去三五个他们也查不到。即便查到了，又不是旷工，也没啥大不了的。

八

我们六个人，挤在深震那辆破面包车里，吵闹说笑着，眨眼来到了镇上。

把车停在那家 KTV 门前，我们下了车，见这里果然跟以往去的那些小吃店不一样。旋转玻璃门，落地玻璃窗，迎面墙上霓虹闪烁，跳动着的音符，还有手持麦克风、仰首高歌的时尚女郎。

刚到店门口，一位穿着大红色旗袍的高个子女孩马上走过来，带我们朝后面的包间走去。

第一次到这种地方来消费，我心里有点没底。以往到小吃摊或烧烤摊去喝酒，五六个人，200 多块钱就够了。这回，我往口袋里装了 500 块钱，我想六个人应该用不了。

本来想问一下酒水、饮料价格的，但最终还是没好意思开口。一是当着朋友的面问价钱，怕他们有啥想法；二是服务小姐那么年轻漂亮，我也不好意思开口问这问那的，显得自己很土又没见识。

我们点了歌，也点了啤酒和小吃。啤酒是那种小瓶的，一瓶还倒不满两大杯。果盘也很小，一人拿一点，一盘就光了。

刚开始，吃喝、唱歌还都有点节制。等每人超过三瓶酒以后，就都放开了。为了抢到麦克风，几个人又拉又拽又吵又闹，抢到的不愿放手，抢不到的不肯罢休。把新上来的果盘拉到自己跟前，根本不管别人能不能吃到。啤酒不再往杯子里倒了，打开瓶盖，仰起头，瓶口直接对着嘴，一气儿就喝下去半瓶。

我也把价钱的事抛到了脑后。

九

一直玩到快十二点,不知谁说了句:"呀,十二点了!明天还上班呢。"

我掏出手机来看了下,还真是呢,咋这么快就到十二点了呢。明明觉得才玩了不大一会啊。

怕明天上班迟到,大家开始张罗着撤。我们几个人像群战败了的兵一样,歪歪斜斜地朝外走,手和嘴都没闲着。你的胳膊搭在我的背上,我的手臂被他搂在胸前,有的嘴里夸张地嚼着干果,有的大声唱着歌。精力和热情好像才刚刚充满,却已经到了要离开的时间了。大家胡乱约着,说明天晚上接着来玩,后天不上班的人可以玩个通宵。大家被这句话鼓舞着、激励着,胡乱吵着、闹着,朝门口拥过去。

我是被那位穿着红色旗袍、说话柔声细语的高个子女孩拦下的。她弯腰对我鞠了一躬,然后微笑着说:"先生请这边结账。"

真是丢人,我竟然忘记结账了。

冲大家挥挥手,示意他们先到门口等着,我转身朝吧台走过去。边走边把手伸进口袋,摸到那五百块钱,我捏在了手里。

十

账单在吧台上摆着。老板见我过来,冲我笑了一下,然后把账单轻轻推向我。

那500块钱,已被我从口袋里掏了出来。就在我想把钱递给老板的时候,目光落在了面前的账单上,897.50元?

我的头嗡地一下,眼前一片黑色星星点点在不停地闪着。我拿起账单,想仔细看看,可眼前一片模糊,竟然一个字也看不清楚了。

"这么贵?!"我忍不住叫了一声。

"这是你们 8 号包间的消费清单,请过目。"老板从吧台上拿起一摞单子,朝我递过来。

"这么贵!你们简直是欺诈!"我看也没看,就把手上的清单啪地一下拍在了吧台上。

"这是我们的价目单,是经过物价部门审核批准的。"老板说着,从吧台下拿出价目单。

一小瓶啤酒十几块,一个小果盘十几块,这不是明摆着宰人吗?肯定是看我头一回来,觉得我不懂行情好欺负。

我心里的愤怒火一样呼地冒上来,我拿起价目单,几下撕得粉碎,猛地朝老板脸上扔了过去。

十一

听到吵闹声,深震他们也都跑进来。不知谁说了句:"算了算了,打个折,把账结掉算了。"

老板说:"看你们头一回来,给你们打个 8 折。"

我口袋里的 500 块钱,不知被谁掏出来,加上深震他们凑的 200 块钱,一齐交给老板,把账结了。

深震他们拉着我走到门口的车跟前,我越想越气,不能就这么走了,这样太便宜他们了。这店太坑人了,不能就这么算了,我要给他们点颜色看看,要让他们得到教训。

从拉开的车门里,我看到了车座下面的扳手和铁棍。那天深震的车坏了,我从车间找了一把扳手和一截铁棍,修完车,就随手把这些东西扔车上了。

我弯腰拿起那截铁棍,冲深震他们挥了挥手,然后我们六个人，朝着 KTV 跑了过去。

本来只是想把门打破的。可砸完门，又看到窗户，砸着砸着，就停不下来了。我们一直砸进店里，连门边摆着的冰柜，也一起砸了。

十二

厂保卫科的人带警察来找我的时候，我还在梦中。望着他们，我想了好久，也没想起来到底是怎么回事。直到有个警察提到幸福时光 KTV，我脑子里才依稀记起昨晚发生的一些事。

从派出所回来，厂里没再让我上班。

我知道，去上海培训的事，也和我再没关系。我的升职加薪梦，就此破灭。

等待着我的，是公检法部门的审判。

十三

芊芊给我发了条短信，她说，她的实习提前结束了，她马上就要离开这里。她要我正视眼前的这一切。最后她说希望我能重新站起来，走好以后的每一步路。

芊芊没来看我。我知道，我跟芊芊的事，也结束了。

我爸妈借了一万块钱，送到了幸福时光 KTV，作为损毁物品的赔偿款。他们不顾店员的劝阻，执意留在那里整整两天，帮店里收拾打扫那些破碎的东西。

爸妈拿到了店老板写的谅解书。

我不知道，经过这件事之后，我还能否像芊芊短信里说的那样，重新站起来，从头开始。

庭后絮语：

毋庸置疑，生活中的厉斯腾是个踏实肯干、有理想有目标的年轻人。他能认识到自己的不足，他想努力去弥补。对未来，他有自己的想法和打算，包括生活和婚姻。他的努力，也得到了认可：厂里准备派他去上海学习，回来后即可升职加薪；女友芊芊的父母对他的态度也在向好的方面转变。他的未来，充满希望。

但是，一时的鲁莽和冲动，瞬间把这一切都毁掉了。

厉斯腾说，在跑到门外去拿扳手和铁棍前，他根本没想过打砸之后会有怎样的后果。他说当时只想着要出这口气，脑海里，啥都没有了，简直鬼使神差一般。他说，那天晚上真的是喝多了。

厉斯腾的前程和幸福，毁在了那个周末的晚上。事情发生后，单位取消了他的上海之行；芊芊的父母为了女儿的幸福，劝她重新考虑与厉斯腾的关系。此时的芊芊，也觉得对这段感情，对厉斯腾这个人，需要去重新认识。

厉斯腾一直怪自己那天喝了太多的酒。他说不喝那么多酒的话，自己不可能会那么不理智。

喝多了酒，并不是导致这件事发生的全部原因。

厉斯腾不读书不学习，目光短浅，只看得到眼前，其人生缺少一个长远明确的定位。有一些像厉斯腾一样的年轻人，他们过早地进入了社会，所处的外部环境大多较差，生活中又缺少必要的指导。最根本的是，他们放弃了必要的学习，放弃了提高自身修养的机会。遇到问题的时候，他们缺少理性的分析和判断，往往一念之间,误入歧途。

好在,他还年轻。我们希望厉斯腾以此为鉴,重新开始,在实现自己梦想的路上,能够稳步向前。

案发时,厉斯腾已年满16周岁,系完全刑事责任能力人。厉斯腾之前无犯罪前科,系初犯、偶犯,且到案后能如实供述自己的罪行。案发后,其父母积极赔偿KTV经济损失9000元,取得了被害人的谅解。综上所述,法院本着对未成年人"教育为主,惩罚为辅"的原则,以寻衅滋事罪依法判处厉斯腾有期徒刑六个月,缓刑一年。

印芙琪档案：

印芙琪，女，初中肄业。身高1.52米，偏瘦，肤色偏黑，五官小巧精致，棕红色长发。身穿肉粉色长款上衣，破洞牛仔短裤，十厘米细高跟鞋。案发时，印芙琪17岁零10个月。

"人肉"之痛

关键词：

被盗　中学生　人肉搜索　自杀身亡

案件回放：

初中未毕业就随村里人来到省城打工的印芙琪，经过几年的努力打拼，有了一个自己的小服装店。这家服装店位于大学城的商业街，虽然只是临街的一个很小的门面，店里只能摆下一节柜台，但印芙琪对自己的服装店非常珍视。一天，印芙琪发现店里一条最贵的牛仔连衣裙不见了，这让她非常心疼。她调出店里的录像，反复看了多遍，然后仔细梳理了这一天到过小店的所有人，再依据自己的回忆，她觉得那个细高个的女孩嫌疑最大。又气又恼的印芙琪当即在网上发了视频,"人肉"那个有偷盗嫌疑的女孩。视频很快在网上传播开来,视频上的女主角静雨露看到网上的那段"人肉"内容后,又羞又怒,她跑到了宿舍楼的顶楼。来到这个世界尚不满16个年头的静雨露,飞身一跃,眨眼间结束了自己年轻的生命。

静雨露的家人以污辱罪,将印芙琪起诉。

一

我老家在离省城一百多公里的地方,那是个小山村,村里只有二百多口人。这几年,像我这样的年轻人都进城打工了,村里怕连一百口人都没有了。

我上小学的时候,要翻过一座山头,走两个多小时的山路才能到学校。每天早晨天不亮我就起床,下午放学回到家,天早就黑透了。

我在镇上上初中,虽然离家更远了,但是能住校,就每个星期回家一趟。

我初中只上了半年,就出来打工了。那时,我刚刚过了14岁生日。

当时我离开学校,并不是因为学习不好。其实我上学的时候,成绩在班里一直是数一数二的。我也想过将来考个好的大学,离开那个小山村。可是有时想想,又觉得考大学是件离我很遥远的事。再说我家里很穷,我是家里的老大,我下边还有两个弟弟。家里的一切支出,全靠我爸爸一个人在外打工维持着。爸妈其实早就不想让我上学了,要不是我自己要死要活地非要上,怕是连小学都毕不了业。

那年春节，我有个在省城打工的堂姐回家过年。看到她能给家里带回那么多东西，那么多钱，全村人都羡慕得不得了。那个堂姐比我大一岁，她小学没上完就离开家去打工了。堂姐进城前，我们一直是很好的朋友，一起上学、放学，一起去山上干活。可几年时间，堂姐却变成了电视上那样的人，又时尚又漂亮。我当时就心动了。跟堂姐聊了很多，她说你将来就算考上了大学，也不一定能找得到好工作。我想想也是，就有了不再上学的念头。

我把跟堂姐去省城打工的想法跟爸妈说了，他们自然是赞同。因为他们一直就想让我退学，帮家里挣点钱，好供两个弟弟上学。

正月初九，学校还没开学，堂姐要回省城了。我没跟老师打招呼，也没跟同学说一声，就跟着堂姐，奔了省城。

二

刚到省城的时候，我跟着堂姐在一家洗浴中心给人家拿拖鞋、帮着开关柜子门和清理浴室卫生。这个活看起来不是很累，可时间长，上一个班就是十二个小时。上班时间长倒没啥，主要是总有客人嫌这嫌那，怪我的服务这里不行，那里不到位。我从小在那个小山村长大，没见过大世面，城里人的生活，我也不懂。做不好，就总是被客人数落。

依我的脾气，早就不想干了。可堂姐说这份工作来得不容易,是她请店面的经理吃饭,还给分管派工的人送了礼才得到的。

碍于堂姐的面子,我只好忍着。再说,不忍我又能咋样?如果真的离开了这里,我在哪住?又靠什么吃饭?在这个大城市里,除了堂姐,我找不到第二个可以依靠的人。

可我心里一直想着离开这里,另找个别的工作做。休白天班的时候,我就常到附近去转。一看到门口贴招工广告的店,我就到店里去看,问他们对我是不是满意。可我转了好多家店,那些店老板就像是商量好了一样,没有一个愿意给我一份工作。他们嫌我长得小,怕做不了重活。又嫌我年龄不够,没有身份证,怕给他们惹麻烦。

在这家洗浴中心干到三个月零五天的时候,我还是离开了。

虽然,当时我没有新的工作,生活也没有任何的着落。

三

离开洗浴中心的时候,我没有告诉堂姐,我怕跟她说了她不让我走,也怕她会骂我。

那天我上夜班,一个浑身上下挂满珠宝的胖女人走进了洗浴区。依照惯例,我帮她打开储物柜后,把手牌替她套在了手腕上。这时,又有别的客人进来,我转身去照应。刚帮新来的客人把储物柜打开,身边的那个胖女人突然大声叫了起来。原来,她把储物柜的钥匙锁进了柜子里。而此时,她手机的铃声在柜子里大声响起来。

按照店里的规定,客人把钥匙误锁进柜子,我们是有一定责任的。我忙去找值班班长,拿来了万能钥匙。

用万能钥匙打开柜子,是需要客人签字的。没有客人的签名,我们无权打开任何柜子。

那个胖女人却拒绝签字。她说那就是她使用的柜子,刚才我也看到的,为什么还要她签字?

我耐心跟她解释,说这是店里的规定,也是为了维护消费者的利益。我好话说了千千万,她就是不肯签字,而且情绪越来越激动。

如果我帮她打开柜子,那是违反店里规定的,领导知道了,肯定会扣我工资。可我不帮她打开,她又不停地吵闹。我一时不知道应该怎么办了。

四

不知谁通知了店面经理。经理过来后,不问青红皂白,就先把我骂了一顿。店面经理骂我不长记性,骂我是猪脑子。我明明把手牌替她套在了手上,她自己不知怎么又放进了柜子里,这能怪我吗!我按店里的规定办事,也是我的错?经理当着那么多人的面,竟然那样骂我!那个女人也同经理一起骂我,她们两个人,一副不把我骂死就不甘心的样子。

我上学的时候,一直都是被老师表扬的。我的老师和同学,没有哪一个否定我的智商。可是,我来到省城后,为什么总是被人骂"木""呆""笨"呢?难道,城里的人,真的比我们山里人聪明?

一气之下，我哭着跑回宿舍，拿起自己的行李，就下了楼。

那天，堂姐上白班，没在店里。即使当时她在店里，离开的事，我也不一定会跟她讲的。

五

农历四月的夜晚，天还很凉。我背着自己少得可怜的行李，在街上漫无目的地走着。后半夜的省城街道，已没了白天的喧闹与繁华，偶尔会有一辆车飞速从眼前闪过。我又冷又困，双脚向前迈着，我却不知道自己要去哪里。

走到一家小店的屋檐下，我实在走不动了。贴墙蹲在屋檐下，我忍不住哭了起来。越哭，我心里越怕。我不知道自己以后该怎么办。

那一夜，从未有过的漫长。看着天渐渐亮了，我越来越后悔自己冲动后做出的这一决定。没有了工作，甚至连栖身的住所都没有了。往后的日子，我可怎么过？

我想一阵哭一阵，哭一阵又想一阵。天亮了，街上的行人多起来，我不能再在人家屋檐下蹲着了。可是，我又能到哪去呢？

在这个城市里，我唯一认识的人就是堂姐。可现在，我给堂姐惹了事，丢尽了她的面子。我连堂姐也无法去找了。

六

离开洗浴中心的前两个月，我自己都不知道是怎么熬过来的。

找过好几份工作,每份工作都没能做长久。

没地方住,没钱买吃的,我只能饿着肚子在车站过夜,有好几次我都想回山里去了。可真要去坐车的时候,我就又犹豫了。

我曾给爸妈打过电话,说想回家。他们听到我这样说,马上回绝了我。他们说别人能找到工作,我也肯定能。他们说出门在外哪有不受气的,慢慢习惯就好了。他们还说回家了能干啥,现在管结婚的都按户口本上的年龄来,我离结婚年龄还差不少,想把我嫁出去都办不了。

我自己想想也是,回去能做什么,学肯定是不能上了。我们山里地少,只靠种地根本无法生存。想做点小生意也难,从我们村到镇上,走一个来回就要九个多小时。难道就跟爸妈说的那样,等着他们给我找个人家,像妈妈一样,出嫁、生儿育女吗?我想想心里就害怕。

没有饭吃,没有地方住,我像一个流浪汉一样,在这个城市游荡。最穷的时候,我接连三天没吃一顿饭,实在饿得不行了,就趁着夜色,到垃圾箱里去翻找吃的。

后来,在郊区的一家制鞋厂,我找到了一份工作。那是一家手工制鞋厂,我的工作就是在鞋底涂一种胶,劳动强度不是很大,但胶水味特别难闻。刚开始那几天,即便是戴着口罩,我也还是忍不住吐了好几次。时间长了,我慢慢也就习惯了。我每天工作十二个小时,老板管吃管住。这对我来说,已经很满足了。

七

我从小能吃苦，干活也快。除了刚到的第一个月外，之后每月发工资，在我们车间，我都是最多的。

我在制鞋厂干了两年多。每月发了工资，我给家里寄去三分之一，供弟弟上学，留下很少的零花钱，其余的钱，我都存在了银行里。平时我吃住在厂里，上班穿工作服。两年多来，除了内衣，我没有买过一件衣服，没有在外边吃过一顿饭，也没有买过一件护肤品。见到工友扔掉的内衣、袜子，只要破得不是太厉害，我就趁没人的时候捡回来，洗洗补补接着穿。遇到厂里有急活加班，我总是第一个报名，常常一干就是二十多个小时。

从进厂的第一天，我就知道，自己不能一辈子都在这里给别人干。我想终有一天，我要开个自己的店，哪怕再小，位置再偏僻。我的这个梦，一定要实现。哪怕工友们骂我抠，甚至刚来时认识的朋友都不理我了，我也不在意。每次发了工资到银行存钱的时候，我都在心里计算着，再有多少钱，我就可以找个店，自己做老板了。

那两年，我从来没觉得苦过，也从来没觉得累过，更不会觉得一年四季都穿工作服有啥不妥。

离自己的目标越来越近，我心里是甜的。

八

存折上的钱到三万的时候，我就开始寻找合适的店面了。这个店是我找了好久才寻到的。店面不大，位置也有点偏，不过好的店面我也租不起。

拿到钥匙的那天晚上，我一夜没睡。在那间伸开胳膊就可以摸得到四面墙的小店里，我一会看看这里，一会摸摸那里，觉得哪里都好，哪里都新鲜。

给了房东一万五千块钱，剩下的一万多我用来进货，勉强够。好在这条街是刚开的，除去水电外，没啥别的费用。装修的钱是没有的，但牌子总得有。我把之前早就寻下的一块木板拿过来，找厂里的老板要了点颜料，自己写上"晓芙的店"四个字，竖在了店门口。把淘来的货摆上，我的服装店就开张了。

因为缺少流动资金，店里没有几件像样的衣服，多是一些袜子、内衣、发卡、钱包之类的小玩意。不过越是这样不起眼的小玩意，利润越高。每天，我的店只要一开门，就会有三五成群的学生前来光顾。我的店虽小，可顾客并不比附近那些大一点的店少。

我每天忙得团团转，心里却特别快乐。每天晚上要关店门的时候，我都会觉得，一天好像才刚刚开始，咋就又到晚上了呢。

我想好了，等将来赚了钱，我就开一家大的服装店，再开一家鲜花店。宽敞漂亮的服装店和姹紫嫣红、争奇斗艳的鲜花店，我要让两个店紧挨着。想到这里，我就激动得不行。

九

那天，就是出事的那天，所有的事情都特别不顺。

早晨刚开门的时候，我就发现牌子不见了。以往牌子也常常是在门外放着,别人店里的牌子,也都是放在门外的。不知道为什么,单单我家的牌子不见了。

刚打开门,一个三十多岁的女人来买长筒丝袜,她说要打开包装看看。我说里面的袜子跟夹子上的一样,要看颜色看长短,看夹子上的样品就行。打开包装后,如果她不买,重新包装很麻烦。可她不听我的,趁我转身摆货,还是打开了包装。关键是她的手指甲不整齐,一不小心刮到了袜子,袜子抽了丝。抽了丝的袜子,肯

定无法再卖给别人了。我虽然很心疼，可如果她道歉，我也不打算计较了，和气生财嘛。她不但不道歉，还一口咬定，是我的丝袜质量有问题。我一时生气，就跟她吵了两句。那个女人，到底也没承认是自己的不对。

一整天，进店来逛的人依然不少，真正成交的却不多。那一天，真是邪门了。

因为生意不好，也因为心里不顺当，我早早就把店关了。

我是在理货的时候发现那件连衣裙不见了的。当时，身上的汗唰地一下就冒了出来。因为这件裙子，是店里最贵的一件衣服。进货的时候，我还有点犹豫，后来实在是太喜欢了，就进了两件。有一件当天就卖掉了，另外一件看的人不少，却一直没卖出去。

我把店里的货翻了个底朝天，却丝毫不见那件牛仔连衣裙的踪影。

我心里不愿承认，可又不得不承认，那件连衣裙——店里最值钱的那件衣服，被人偷走了。

十

之所以认定那个叫静雨露的女生偷走了我的裙子，是因为这之前她来试过几次，很喜欢的样子，却一直也不买。开始的几次，我还很热心地跟她聊，夸她穿上这条裙子好看，就跟量身定做的一样。后来，她只是试或看看，我对她也就没那么热情了。

下午放学的时候，她又来看那条裙子。因为当时一下进来好几个学生，我就去招呼别人。我知道反正她也不买，就懒得理她，也没特别注意她。

当然在这之前我不知道她的名字，如果知道的话，我就不用在网上"人肉"她了，也许我会直接去找她，找她的老师，找她的学校领导。可我不知道她叫什么，也不知道她是哪个学校的。我想她偷走了衣服，以后肯定不会再到店里来了。看到摄像头拍下的她进店时的正面影像，我想到了网络。

我要通过网络找到她，把我的裙子要回来。同时，也给她一个教训，看她以后还敢偷拿别人的东西！

在网上发消息的时候，我就是这么想的。

看到第一条说认识她的消息时，我当时特别激动，心里想，终于让我知道你是谁，是哪个学校的了。等明天我就去你学校，把我的裙子要回来。

十一

第二天，我还没去学校找她，警察就先来找我了。从警察的问话中，我知道了那个叫静雨露的女孩子因为被"人肉"，她从学校九楼楼顶跳了下来，当场就死了。

怎么会这样呢？我"人肉"她，只是想要回我的裙子，她怎么就死了呢。那一刻，我简直吓傻了，冷汗不停地往外冒，浑身上下抖成一团。"死亡"，这是多么可怕的两个字呀，怎么一下就跟我联系在一起了呢。我"人肉"她，是因为我没有别的办法找到她，我只是想要回我的裙子，只是想给她一个小小的教训，怎么她就死了呢？！

我脑子里乱成了一锅粥，一锅不停地沸腾着的粥。

我欲哭无泪。

怎么会这样呢？怎么就成了这样呢？！

我不知道该问别人，还是该问我自己。

庭后絮语：

　　印芙琪爱她的店，这是可以理解的。她通过几年不懈的努力，终于有了一家属于自己的店。

　　印芙琪不是我们通常所以为的那种"坏孩子"，她努力工作，在补贴家用的同时，有自己的追求和理想，并为此奋斗着。她又是一个可悲的孩子，小小年纪就被父母"逼"出来打工挣钱，而且父母完全不顾她的生存状况和内心感受。在她最需要关爱和帮助的时候，父母不仅没有给予她这些，甚至在她无法生存下去的情况下，父母也不希望她回家。

　　印芙琪虽然看似聪明能干，但从某种意义上来说，她的心智是有欠缺的。年少时父母教育的缺失，在一定程度上也导致了她解决问题时的不辨是非与不计后果。

　　衣物被盗，可以选择报警，让相关部门用法律手段对偷盗者实施相应的处罚，而不应该采用如此极端的方法。那个叫静雨露的中学生，是不是那件衣服真正的偷盗者，印芙琪并不确定，她只是根据自己的猜测，就盲目认定静雨露偷盗了衣服。

　　听说，静雨露离世后，她的同学气不过，使用同样的方法，"人肉"女店主印芙琪。

　　正是因为被"人肉"，尚不满16岁的静雨露，从楼顶飞身跃下，瞬间离开了人世。

类似的悲剧，不能再重演了。

法院经审理后认定，被告人印芙琪因怀疑静雨露在其经营的服装店偷了一件衣服，竟将静雨露进店时的正面影像截图并配上"该女子是小偷"等字幕后，上传到网络，公然对他人进行侮辱，致使静雨露不堪受辱自杀，情节严重，其行为构成侮辱罪。鉴于被告人到案后如实供述其犯罪行为，确有悔罪表现，法院依法给予从轻处罚，以侮辱罪判处被告人印芙琪有期徒刑一年。

褚亚诺档案：

褚亚诺，男，初中学历。身高1.80米，体形偏胖。褚亚诺初中毕业后没有考高中，在家待了3个多月后，到省城一家汽车修理厂工作。2015年1月，他又到某汽车配件厂工作。2015年4月13日，他因抢劫被公安机关抓获。案发时，褚亚诺16岁零3个月。

无聊之作

关键词：
无聊　酒后　抢劫

案件回放：

2015年4月9日晚，褚亚诺跟同车间的工友一起去烧烤摊喝酒。酒后往住处走的路上，褚亚诺遇到了骑电动车的段某，他把段某拽倒在地，抢走了段某的包后逃往住处。

当地派出所民警接到报案后，经多方侦查，确定褚亚诺为犯罪嫌疑人。2015年4月13日下午，正在上班的褚亚诺被抓获。

经确认,褚亚诺抢劫物品价值共计壹佰陆拾伍元整。

检察机关以抢劫罪,对褚亚诺提起公诉。

一

小的时候,我一直住在乡下的爷爷奶奶家。爸妈在县城上班,他们都很忙,只有休班的时候,才回去看我。爸妈工作的单位都没双休日,他们去看我,有时需要调休,有时还需要请假。爸妈都在企业工作,请假是要扣工资的。

爷爷奶奶经常跟爸妈说:"诺诺在家挺好的,不用常回来。有啥事,就给你们打电话。"

爷爷奶奶都很疼我,有什么好吃的,他们一点也舍不得吃,都给我留着。我想要啥了,他们会想尽办法满足我。

我经常盼着爸妈回家看我。盼他们,不是因为特别想他们,而是想他们回来会给我带什么好东西。从小就跟着爷爷奶奶,我已经习惯了。逢到过节,爸妈回家来住几天,我还真不习惯呢。他们管我太严了,总是嫌我不听话。那时,我就盼着他们快点回去。

二

6岁那年春天,我要上小学了,爸妈想接我去县城的家。我又哭又闹,就是不愿去。我不愿离开爷爷奶奶,不愿离开一起玩的小伙伴。村子里的一切,我都不愿离开。

以往每逢过节，爸妈有几天假的时候，他们就想带我去县城的家里住几天。有时图新鲜，我就愿意去。不愿去的时候，爷爷奶奶就会说，孩子不愿去，就别难为他了。

可这回，爷爷奶奶没一个替我说话。不只是不替我说话，还帮着爸妈说话。

爷爷说："城里的学校好，城里的老师教得好。你不去城里上学，长大了考不上大学咋办？"

考不上大学有啥不好的，我才不愿考上大学呢。姑姑家的表姐，考上了大学，过年才回来一次。我若考上大学了，一年都见不到爷爷奶奶，那可不行。

奶奶说："你看大伯家的哥哥，爸妈在村里，还找了人，拿了钱，才能到城里去上学呢！城里的学校不好，人家能都拿了钱去？"

村里的孩子，家庭条件好的，确实是有好多拿了借读费，到城里的小学去借读。有的从幼儿园就开始到城里去了，隔一周，家里大人就过去接，在家待一天，星期天下午，家长再把他们送回去。

从小跟我一起玩的小蟋蟀，比我大一岁，去年到城里读一年级了。住在学校里，两周才回来一次。

一次我问小蟋蟀，城里的学校好不好。小蟋蟀摇了摇头说，一点都不好。说完，他还轻轻叹了口气。

以往在家时，总是蹦来跳去、一刻也闲不住的小蟋蟀，自从离开爸妈去了城里的学校后，整个人变得一点也不好玩了，整天像个大人似的，我都不稀罕跟他玩了。

三

我哭过、闹过，也躲起来过，可最后，我还是被爸妈带到了城里。

离开学还有几个月，爸妈要上班，没时间管我。他们不放心我一个人在家，就把我送到了离家不远的一个幼儿园。

在老家的时候，小伙伴们都听我的。我喜欢谁，就让谁玩我的玩具。他们都爱跟在我屁股后头玩。

我没上过幼儿园。来到幼儿园后,我谁都不认识。我上的是幼儿园的大班,班上的那些同学,都是从小班、中班一起上学的。他们懂纪律,也知道学习。从来没进过校门的我,啥都不懂,上课的时候,也坐不住。老师讲着课,我有时忍不住,就跑到门外去玩了。

老师不喜欢我,同学也不喜欢我,谁都不喜欢跟我玩。我说话也跟他们不一样,我一说话,他们就学我。后来,我就不太敢说话了。

我哭闹着不去幼儿园。每次都是被爸爸打着去。爸爸的手很有劲,一巴掌打下去,红印子半天都消不了。等下次再上学的时候,我还是不想去,又哭闹,爸爸就再打我。

那几个月我挨的打,比前六年加起来都多。

四

上了一年级后,我对学校的恐惧,稍稍少了点。因为这次是统一入学,我不再像上幼儿园的时候那样是插班生。

在班里,我也有了几个朋友,下了课,我能跟他们一起玩。

放学后,有跟我一样离家近不用家长接送的同学,我们就一起走,边走边玩。那时,我心里很高兴,感觉跟在奶奶家时差不多。

好景不长,第一次考试成绩出来了,我在班里考了倒数第一。

老师让家长到学校去。我害怕爸爸打我,回家不敢说。可不说也不行，到学校咋跟老师交代？

晚上回到家，我没吃饭。妈妈问我咋了，我说头疼。我记得有回妈妈病了，说头疼，就打电话跟单位请了假，在家歇一天。我头疼，爸妈也会让我明天歇一天，那就好了。过了一天，老师该把叫家长的事忘了吧。

爸爸抬手摸摸我的头说，不热呀！

妈妈也摸摸我的头说，不会是啥别的毛病吧。等一会要还疼，就去医院看看。

爸爸点了点头。

过了一会，妈妈过来问我，头还疼不疼了。

我一时不知该说疼还是不疼。如果说不疼了，明天上学咋办。如果我说还疼，那爸妈要带我去医院，到了医院，肯定要打针的吧。如果爸妈说，头疼明天别去上学了，那该有多好啊！可是，爸妈都没有那样说。

到了最后，我还是把老师请家长到学校去的事跟妈妈说了。

那次，妈妈没骂我，爸爸也没打我。不过，他们说，以后放了学就学习，不能再看电视了。我点点头，应着。

五

学校离家不远，爸妈下班也晚。每天放学回到家，我有时先写作业，有时先看一会电视。爸妈快下班的时候，我就赶快把电视关掉。

有一次我正在看《猫和老鼠》，忘记了爸妈下班的时间。听到门上钥匙响，我才突然意识到是爸妈下班回来了。我慌忙拿起遥控器，本来是想摁关机键的，却一下摁到了高音键上。电视里突然传出来的巨大声响，惊得我站在那里，一下呆住了。

进来的是爸爸。看到开着的电视和呆站在客厅的我，他一句话没说，劈手夺过我手上的遥控器，猛地朝我背上拍了过来。

遥控器被爸爸拍坏了，我的背钻心地疼。我哭着倒在了地上。

"哭，你还有脸哭！自己考多少分不知道呀！"爸爸拎起我，一下把我扔到了沙发上。

我的后背疼了好几天。晚上睡觉的时候，我只能侧着身。有时睡着了，不知不觉平躺下，背刚挨到床，我就疼醒了。醒了我就哭，不敢大声哭，怕爸爸听到再打我。边哭边想爷爷奶奶，我越想心里就越难受。

六

爸爸喜欢打扑克。我上小学前，爸爸经常带他的朋友到家里来打。我上小学后，怕影响我学习，他们就在公司的传达室打，或在哪家的储藏室打，一打就到半夜。有时遇到第二天休班，他们会打上一宿。

爸爸特别能抽烟，离老远，他身上的烟味就很冲地顶过来。平时上班还稍差一点，打扑克的时候，爸爸嘴上的烟一根接一根，有时这根还没抽完，新的一根又接上了。

为了打扑克的事，妈妈不知跟爸爸吵过多少回。可爸爸还是照打不误。

爸爸说："你看人家有钱有权的，隔三岔五地请朋友到酒店里喝一场。咱没钱没权的,再不打个扑克联络联络感情,连个朋友都没了。"

妈妈说:"朋友是靠打扑克打来的?你自己爱玩,还拿这理由来糊弄我。家务你也不干,孩子你也不管。你就知道自己玩!"

"就这么两口人,有多少家务要干!孩子我没管吗?我没问他学习吗?我爱玩?你去看看,是我一个人玩吗?我自己打扑克能打得起来吗?好几个人都打扑克,也没见人家老婆不愿意,就你事多!"爸爸狠狠地说。爸爸还说:"找到我这样的老公,你知足吧!我没嫖吧,没赌吧。就打个扑克,你还这么多事!"

爸爸脾气很大,每次吵架,都是妈妈让着他。要不,爸爸急了就会摔东西。妈妈怕他摔东西,也怕吵得厉害,丢人。爸爸的嗓门特别大,每次吵架,整个楼的人,都听得见。

妈妈是个性子很软的人,每次吵完架,妈妈又生气又委屈。她吵不过爸爸,就一个人偷偷地哭。

好多时候,我真想帮妈妈跟爸爸理论,可我不敢。爸爸急了,不只摔东西,他还会打我。

七

我最盼望的,就是放假了。放假就不用上学了。放假了也能去奶奶家。积攒了一个学期的不快和难过,一旦到了那个位于黄河岸边的小村子,就都慢慢离我远去,散到了田野里、河道里。

小学五年级那年暑假前,妈妈说不让我到奶奶家了。

她说跟爸爸商量了，暑假要给我报个补习班。

我说不想上补习班，我还是想去奶奶家。

妈妈说，还有一年就上初中了。功课再赶不上，将来咋考高中！

我心想，还考啥高中呀，初中我都不愿上了。可我没敢说，我知道不上初中肯定不行，爸妈不会同意。

我也知道自己功课不好。既然爸妈愿意让我上补习班，我就去试试吧。尽管我觉得用处不大。

我知道，奶奶家是去不成了。

还没等我把同意上补习班的事说出来，爸爸就先数落开了我，他说："你看人家孩子，不上补习班也比你学习好。你也没少吃饭，也没少睡觉，也没少听课，咋就那么笨，那么丢人呢！别不识好歹，你以为我愿意往外拿这几百块钱呀，你以为你爹我挣这几百块钱容易呀！"

"我就是笨，我给你丢脸了。你挣钱不容易，我也没非要你拿补习费！我不上补习班了，也不去奶奶家了，我自己在家里学。"以往爸爸骂我的时候，我只在心里不服，还从没跟他吵过。我知道，连妈妈都吵不赢他，我更不行了。可这回，我实在忍不住了，就顶了他几句。

"哼，你要有那本事自己在家能学好，还用等到现在？"

爸爸轻蔑的眼神激怒了我，我把手上正拿着的一本书重重地摔到了桌子上。

这下爸爸真生气了："你摔谁？小兔崽子！"

爸爸说着，一下抓住我的胳膊，把我摔到了地上。

八

妈妈哭着拉住爸爸,不让他打我。爸爸用力一甩胳膊,把妈妈甩到茶几跟前的地上。

我哭着想去拉妈妈起来,被爸爸一脚踢倒。

也许是因为我跟他顶嘴,那次,是爸爸打我打得最厉害的一次。

爸爸打开一瓶酒,扬起头灌了几大口,然后躺在卧室的床上,哭了起来。哭了一会,爸爸就睡着了。

那天晚上,妈妈哭了半夜。

我一直没睡。身上疼得厉害,心里也疼。想想觉得像我这样的人,活着真是没啥意思。学习不好,老师不喜欢,同学不喜欢。我挨爸爸的打,还连带着让妈妈也挨打。我活着,有啥用?

可我真想到死的时候,心里又放不下爷爷奶奶,他们那么疼我,我死了,他们肯定会很难过的。还有妈妈,爸爸总是欺负妈妈,以后我长大了,还能帮妈妈,如果我死了,以后妈妈怎么办?

我想一阵哭一阵,听到钟表打十二点的时候,我想好了,我不能死。可我也不在这个家里待了,我要离开这里。

我悄悄起床穿上衣服,把书包里的书掏出来,拿了几件衣服塞进去。我走出了家门。

九

待走到门外的公路上时,我心里突然觉得有些虚了。不管远近,到处都是黑漆漆一片。路上的灯也都灭了,白天车来人往的路上,这时空荡荡的,啥都没有。我觉得自己像是一只被倒扣在大锅底下的小蚂蚁,我要去哪里?我又能去哪里?

在小区门口的路边,我站了很久。站累了,我就一屁股坐在了马路牙子上。我想象着爸妈发现我不在了,跑出来找我。如果那样的话,我是跟他们回去呢,还是躲起来不让他们发现呢?

想了半天,我也没想出答案来。

有风吹过来,我突然觉得很冷。地上的树叶沙啦啦响着跑过来,声音很刺耳。我抱紧了双臂,还是冷得不行。

我站起来,慢慢朝前走着。我想还是去奶奶家吧,除了奶奶家,我实在想不出还能去哪里。

奶奶家距离县城有一百多里地,坐汽车也要两个多小时。

刚开始往前走的时候,我心里非常害怕,眼睛不敢往路两边的玉米地里看,我怕突然会蹿出一个鬼来,把我抓走。一阵风吹过来,玉米叶子一阵乱舞,像魔鬼的一只只长长的大手,一下又一下,朝我伸过来。

后来,我不怎么怕了。又累又困又冷,脚往前迈着,眼睛却不知啥时闭上了,直到被绊了一下,我才又睁开眼睛。被爸爸打的地方越来越疼,脚也越走越疼。我咬牙往前走，后来实在走不动了。不知道到底走到了哪里，看到路边有几根很粗的水泥管，我一头钻进去，刚躺下就睡了过去。

十

被人发现的时候，已经是下午了。一位去地里干活的大爷，想坐在水泥管上歇歇时，发现了我。听说当时大爷吓坏了，他以为我是一个死后被人扔到这里的孩子。

在派出所里，头发蓬乱、睡衣都没来得及换的妈妈见到我，一下跑过来，紧紧抱着我，几乎哭晕过去。妈妈的双臂紧紧地摞着我，边哭边说："诺诺，要是真找不到你了，妈妈还活个啥劲呀！"

在妈妈的怀抱里，我也哭了。

爸爸铁青着脸，没有跟我说话，也没打我。走出派出所，他才狠狠地说："丢人现眼的东西！给老子丢人都丢到公安局来了。"爸爸把手上的烟屁股重重地摔到地上，然后又说："往后，你爱咋咋吧，反正我是管不了你了。你长大了，不走正道，别怪我没管你！"

我没说话，心里却恨恨地想：你凭啥管我？你有啥资格管我？你连自己都管不好，还想来管我？哼！不管我正好，你以为我愿意让你管呀！除了会打人，你还会干啥？

那时，我的心里对爸爸充满了怨恨。

十一

升入初中后,我对电视已经没什么兴趣了。放了学,我喜欢到游戏厅去玩游戏。我学习一直不好,可对游戏,我像是有这方面的天赋,一看就会了,而且玩得比同学都好。

爸妈刚知道我玩游戏的时候,爸爸打过我,妈妈也哭着劝过我。后来,爸爸可能知道他的打骂对我已经起不了什么作用,也就懒得再管我了。

初三那年,我跟爸爸进入冷战状态,我们俩彼此谁也不理谁,谁也不跟谁说话。有什么事,我只跟妈妈说。

只要我放学没有按时回家,妈妈就挨个游戏厅去找我。怕妈妈找到我,我就跟同学去县城边的游戏厅玩。开始妈妈只是在离家和学校比较近的游戏厅找,后来,妈妈骑着自行车,从近到远一家家挨着找,直到找到我。

妈妈这么不停地找我,我感到很烦。

一次我又到县城边的游戏厅玩,妈妈找到我的时候,天已经很晚了。当时我正玩得起劲,妈妈进来了,她拉着我的胳膊,劝我回家。我猛地一甩手,把妈妈甩了个趔趄。

妈妈哭着说:"诺诺,不能再玩了。"

妈妈知道管不了我玩游戏,她叫我回家,是怕我在外边待的时间长了,跟别人学坏,干出别的事来。

看到妈妈当着同学的面哭,我觉得很没面子,心里更烦了。在妈妈又一次过来拉我的时候,我恶狠狠地对妈妈说:"你管不了我爸爸,就来管我。有本事你别让我爸爸整夜在外边打扑克呀！"

妈妈拉着我袖子的手慢慢松开了。我继续玩游戏，我不知道妈妈是什么时候离开的。

十二

过后我才知道，那天晚上，妈妈下班看到我不在家，就一家一家地挨个游戏厅找我，一直找到这家游戏厅。被我骂了一顿后，妈妈骑车慢慢往回走，路上被一辆摩托车撞倒在地。

骑摩托车的人跑掉了。妈妈额头上破了一个口子，双手掌心进去了好多小沙子。妈妈骑的自行车被撞断了链条，车轱辘也变了形。妈妈在地上坐了好长时间才起得来，她忍着疼，一瘸一拐地慢慢走回了家。

当我知道妈妈被撞后，也有些心疼。妈妈还是很疼我的，有啥好东西都先留给我。我再调皮，妈妈也不舍得打我一下。

妈妈生气的时候，就爱哭。

我小的时候，看到妈妈哭，有时会想说点什么安慰她，或拿条毛巾替她擦擦泪。可是，真要这么做的时候，我又觉得有点不好意思，便什么也不说，什么也不做了。

长大后，再看到妈妈哭，我就有点烦。我心里想：哭，就知道哭，你除了会哭，还会干啥！我对妈妈既同情又鄙视，那种心情很复杂，自己也说不清。

妈妈受伤的那段时间，我没有再去游戏厅。

十三

现在进来了,再仔细回忆以前的那些事,我才知道自己真不是人!

我出走的那个晚上,爸妈找不到我,就报了警。连夜赶到县城的爷爷,不顾众人的劝阻,不吃不喝,一直找了我大半天。信佛的奶奶,流着泪,在佛像前一直跪了几个小时,谁劝她都不肯起来。

爸爸没什么文化,脾气也不好。他管我的方式是有点粗暴,可他也是疼我的。他听单位同事说喝牛奶健脑,就让妈妈给我订了牛奶。他和妈妈不舍得喝,每天都给我留着。

妈妈在棉纺厂的工作很累。回到家,还有一摊子事等着她做。累了一天的妈妈,骑着车子到处找我。找到我,她也不打不骂,就那么求我,求我回家,一次又一次。

爸爸脾气不好,又爱玩,家里的家务活,差不多都是妈妈做。我从来没有想过妈妈身体有多累,心里又有多苦。妈妈那么瘦瘦小小的一个女人,个子还没我肩膀高。

妈妈做了这么多年的挡车工,累出了一身病,常常胳膊疼,腿疼,腰疼。疼得厉害了,她就自己捶打几下。

我从没想过帮妈妈做点家务,也没想过在妈妈不舒服的时候,帮她捶捶背或捏捏胳膊。这些事,我都是应该做的呀,可是,我没有,一次也没有。

累了一天的妈妈骑着车子,一家又一家游戏厅地到处找我。当她求我回家的时候,我还那么心狠地说她,现在想想,我真不是人!

十四

好不容易挨到初中毕业,不管爸妈怎么说,我是不想再上学了。本来他们是想让我上技校的,我也不想去。凡跟学校有关的,我都不想去。

毕业后在家待了几个月,刚开始我还觉得挺好的。每天想啥时起床啥时睡觉,也没人管了;想上网想玩游戏,也不受限制了。可慢慢地,我就厌烦了这样的生活。正好有个同学在省城的汽车修理厂工作,他问我想不想去。我想也没想,就应下了。

刚到了那里,我觉得还行。干了一个多月,就又有点烦了。我觉得那份工作各方面都不适合我,工资不高不说,干汽修是个又脏又累的活,整天浑身上下又是油又是土。遇到急活,还要加班。再说我一个学徒工,人家根本不把我当回事,啥活都支使我干。

待了两个月多一点,我就离开了那家汽修厂。

之后,我来到了现在的这家汽车配件加工厂。

这里的工作不是很累,流水线,八小时,厂里有宿舍,也有食堂。我每天都做同一件事,不停地重复再重复。刚开始还觉得新鲜,后来我就越来越觉得无聊。上班无聊,下了班更无聊。

十五

那天上白班,下了班,我就跟一帮工友出去喝酒。我们都喝了不少,散场的时候,快半夜了。

他们有家在市区的,有跟女朋友在外边租房子住的,回厂里的,就我一个。

那天不知怎么了,往回走的时候,心里像是有个啥东西在上蹿下跳地乱动。我就想要干点啥,好像不干点啥,这一夜就过不去似的。

我一时又想不起合适的事来做。

走了一段路,看到路上的井盖,我就想,要不就弄几个井盖,卖到附近的废品收购站。其实也并不纯粹是为了卖那几个钱,我就是觉得无聊,就想要干点啥。

井盖扣得很严实,弄了半天,我也没弄出来。路上,不时地有车经过。虽然没人减速,更没人停下来,但做这种事,总是不太愿意被人看见。

我就想换个地方,找条人少的路,看看那里的井盖是不是也这么严实。

就是在这时,我碰到了骑电动车迎面过来的那个人。当时根本不知道来人的性别、年龄,也没有考虑我是不是他的对手。好像啥都没想,就在那个骑电动车的人经过我面前的一瞬,我一步跨过去,猛地抓住了他的胳膊。我用力一扯,电动车连同车上的人就倒在了地上。

顺手抄起车篮里的一只包,我想跑,可那个人死死抓住包不放。我用力拽了一下,那个人被我拽离了地面。紧接着,咚的一声,随着包带的断裂,那个被我拽得悬在半空的人猛地跌下去，脑袋重重地磕在了马路牙子上。

昏黄的路灯下，我看到有蚯蚓一样的东西从马路牙子上慢慢爬下来，朝我脚边蠕动着。

我没有去看倒在地上的那个人，转头拼命朝住处跑去。

十六

厂保卫处的人到车间来找我的时候，我先是愣了一下。接着，我就知道，是那天晚上的事被查到了。

我没太当回事，我想，不就一百多块钱嘛，能怎的？

被带到派出所后，我才知道，原来这事竟然这么严重！

我被关进了拘留所。

妈妈的头发一夜之间白了大半。本来就瘦小的她，看起来更瘦更小。见到妈妈的时候，我都不敢看她。

爸爸也老了很多，脸上的皱纹一道道的，又深又密。

开始的时候爸妈瞒着爷爷奶奶，后来还是瞒不住了。爷爷血压本来就高，一着急，瘫了。爷爷那么疼我，他住院，我却不能去照顾他，甚至连去看他一眼都不能。

十七

我一直埋怨爸妈从小把我留在爷爷奶奶家，不管我，到上学的时候，又非要我来县城的学校。

现在想想，爸妈工作都忙，确实没办法照顾我。我也想明白了，当初爸妈执意让我来县城上学，也是为我好。乡村小学的教学质量，肯定不如县城。

现在，农村稍有点能力的家庭，都把孩子送到县城读书。家庭条件好的，从幼儿园开始就到县城了，有好多幼儿园都有专门的宿舍。我觉得，那么小就离开爸妈，这对孩子不好。

我上幼儿园的时候，爸爸每次送我去上学，都是急急忙忙的。因为他单位上班时间早，而幼儿园上学时间晚。爸爸提前送我到幼儿园，然后再慌忙赶去单位。爸爸上班每天都是要签到签离，晚去一分钟都要扣工资。每次爸爸都是卡好点去送我，我一哭闹，他就要迟到。总迟到，爸爸也觉得很没面子。

从小，我就没让爸妈省心过。上小学的时候，我三天两头地被老师把家长请了去。后来，我又迷上了游戏。现在想想，我的心思，从来都没放在学习上过。

我想，如果当初我能好好学习的话，也许就不会像现在这么幼稚，这么无知。

庭后絮语：

父母是孩子的第一任老师。从褚亚诺的叙述中不难看出，他的父亲虽然没什么大的恶习，但日常生活中，他却是个既不自律也无节制的人。作为家中的男主人，他对生活的态度及对妻子劳累、病痛的漠视，都在潜移默化地影响着儿子的心理和行为习惯，对儿子人格的塑造，有很大的负面影响。

褚亚诺的父母工作忙，没时间顾孩子，就把褚亚诺留在了爷爷奶奶身边，上小学的时候，才把褚亚诺接回到城里的家中。像褚亚诺这样从小由爷爷奶奶带大的孩子，也不在少数。关键问题是，当父母把孩子接回城里后，从小在农村跟着爷爷奶奶长大的孩子，不论是心理上还是行为方式上，都一下很难适应。这就需要父母花费更多的精力，更多的爱，帮助孩子尽快融入新环境中。

本案中，褚亚诺的父母面对一时不能适应城里生活、不能适应学校生活的孩子，他们不是去找出问题的根源，逐一帮助孩子解决，而是简单粗暴地对待孩子。这给褚亚诺幼小的心灵带来了严重的创伤。

褚亚诺不愿去幼儿园上学的时候、学习跟不上的时候、去游戏厅玩游戏的时候，爸爸唯一的管教方法就是打骂。

褚亚诺的诸多问题，有家庭的原因，但与其自身的不读书不学习，有更大的关系。在家庭教育跟不上的情况下，如果他自己能够努力学习，用知识丰富自己的生活，找到自己人生的目标与方向，明事理、辨是非，那么，他就不可能如此地无知和幼稚。他的生活，也将会是另一个样子。

褚亚诺通过不法手段，强行劫取他人财物，并使被害人受伤，其行为触犯了《中华人民共和国刑法》第二百六十三条之规定，犯罪事实清楚，证据确凿。案发时，褚亚诺已满14周岁，应当对其抢劫行为承担刑事责任。归案后，其对所犯罪行供认不讳，认罪态度较好。其父母积极赔偿受害人的损失，取得了被害人的谅解。因褚亚诺未满18周岁，且属初犯、偶犯。综上所述，决定判处褚亚诺有期徒刑三年零八个月，并处罚金5000元。

桂琼华档案：

桂琼华，女，初中学历。身高1.55米，体形瘦小，皮肤偏黑。案发时，桂琼华16岁零11个月。

红色高跟鞋

关键词：

父母离异　室友　偷盗　原始密码

案件回放：

周末逛街，桂琼华看中了一双红色高跟鞋，看了标价后，她知道自己买不起。但她对那双漂亮的鞋子，一直念念不忘。

一天，桂琼华见贞丽美的工资卡在枕边放着，忍不住心动了一下。在车间工作了一会，桂琼华跟贞丽美说，她肚子痛得厉害，实在坚持不住，要回宿舍休息一会。桂琼华回到宿舍，拿起贞丽美的银行卡，跑到储蓄所，从卡里取了一万块钱后，把银行卡放回了原处。

中午，贞丽美帮桂琼华买了饭，送到宿舍。

一个多月后，贞丽美去银行存钱，才发现卡里的一万块钱不见了。厂保卫科同辖区派出所的民警一起来到她们宿舍,对宿舍里的六个人进行了排查,最后确定桂琼华有作案嫌疑。

经审查讯问,桂琼华对偷盗贞丽美一万元现金的事实供认不讳。

检察机关以盗窃罪,对桂琼华提起公诉。

一

我和贞丽美是老乡,我们俩是同一个时间进厂的,住同一个宿舍,在同一个车间。在厂里,我跟她关系最好。

刚上班那几个月,我和贞丽美形影不离,不管是上班还是回宿舍,都在一起。休班的时候,我们会一起去逛街。

我们这个服装厂叫清华园服装厂,全县所有中学、小学的校服,都在这里加工。这样的衣服,没啥新鲜样子,就是白和蓝的聚酯纤维面料拼起来,都是一样的颜色,一样的款式。实在要说有啥不一样的话,那就是尺码的大小不同。

车间是流水作业,我和贞丽美刚来时都是钉裤子上的扣子,手工的,钉一个扣子两分钱。干了两个多月后,我们一起上了机,先是锁边,又干了几个月后,就开始做缝上衣拉链的活了。这个活对技术性要求高一些。虽然不像大工厂那样一丝一毫都不差,但如果车工差的话,拉链缝不直,被检查出来,也是要扣工资的。

二

我手工慢,还总是缝不直。为这,我被老板骂过好几次,也被扣了好几回工资。老板嫌我笨,想把我调回锁边的车间。贞丽美跟老板好说歹说,老板才没让我走。

贞丽美天生手巧,干活又好又快。她的话,老板还是会听的。老板也怕她一不开心跑到别的厂子去干了,那样他的损失可就大了。像贞丽美这样的工人,并不多。

贞丽美每个月的工资,都比我多出不少。有时我被罚了,领到的钱,往往还不到贞丽美工资的一半。

贞丽美挣得多,可她并不舍得乱花钱。相处时间久了,她家的情况我大致也知道一些。她爸爸有病,不能干活。家里的农活全靠她妈妈一个人做,收入也只够一家人吃饭。贞丽美还有个上高一的弟弟。每个月的工资发下来,她会寄几百块钱回家,剩下的,都存在工资卡里,一是准备给她爸爸看病,二是给她弟弟缴学费。

三

我没有生病的爸爸需要医药费,也没有上中学的弟弟需要学费。我五岁那年,爸爸在外边有了别的女人,离开我和妈妈,跟那个女人去了外地。

爸爸走后,妈妈的脾气变得越来越差,她开始抽烟、喝酒,喝醉了就打我、骂我,酒醒后,她又抱着我哭,求我原谅她。可等下次她喝醉了酒,还是会打我、骂我。

后来,妈妈跟一个同样爱喝酒的人结了婚。在那个家里,我一天都待不下去了。初中毕业后的第二天,我就跑了出来。

现在的我,是一个人吃饱全家不饿。

每个月领完工资,我都先买一堆好吃的,吃个够。等到下个月发工资的时候,我的工资也就花个差不多了,好的时候能余下几十块钱,大多数时候都要先借点钱,再等着发工资。

我一般都是跟贞丽美借,等几天发了工资,我立马先还她,从不拖欠。

四

遇到厂里加班,我顶多也就加10个小时。贞丽美常常能加24个小时,两天两夜不睡。她实在困得不行了,就趴在工作台上眯一会、打个盹,再睁开眼接着干。

贞丽美遇到加班就来精神,不加班的时候,她才困,她爱早早爬到床上睡。

我跟贞丽美正相反,一加班我就困。缝纫机嗒嗒嗒的声响,简直就是催眠曲,听到那个动静我就想睡。不加班的时候,我晚上用手机上网,不知不觉就到了十一二点,也没觉得困。

老板把贞丽美升为代班长,每个月给她加了60块钱。头一个月拿到补贴,贞丽美请我们宿舍的六个人去门口的小店,每人吃了一大碗带牛肉的米线。因为跟我关系最好,她另外还送了我一条纺真丝的丝巾,她也给自己买了一条。我们俩的丝巾都是花朵图案的,只不过一条是大红,一条是玫红。贞丽美让我挑,我就选了大红的那条。

五

不上班的时候,我就喜欢逛街。贞丽美不爱逛街,每次喊她出去逛,她总是推三推四的。遇到贞丽美实在不出去的时候,我就一个人逛。其实我也不是想买啥,就是喜欢看店里那些东西,遇到有喜欢的或正需要的,就买下来。也有好多东西当时看着挺好,等买回来就觉得没什么用了。我的床上、床下,有不少这样的东西。扔掉吧,可惜;不扔吧,还真没啥用。我经常下决心,往后再逛街的时候一定不乱买了。可等下次遇到喜欢的东西,我还是忍不住要买。反正都是一些几块十几块钱的东西,贵的我也买不起。

后来,我跟厚军谈恋爱,再逛街的时候,就不愁没人陪了。

厚军比我大几岁,他人不错,对我也不错。厚军的老家在湖南的一个小山村里,听厚军说那里青山绿水,风景很好,也没啥污染。那里不通公共汽车,也没有自来水。他说春天的时候,他家门前山上的竹笋遍地都是,拔都拔不净。

厚军已经好几年没回老家了。我想明年春天厚军回家的时候,一定要跟他去看看。

六

那天休班,我和厚军又出门逛街。这回逛得远,都逛到百货大楼了。毫无目的地乱逛一气,我们逛到了卖鞋子的柜台前。走着走着,突然眼前一亮,面前的货架上，那双镶着一圈细钻的大红色高跟鞋，和前几天同事结婚时穿的那双一模一样。

身穿红色连衣裙，脚穿红色高跟鞋的新娘子，美得简直跟仙女一样。当时我就想，等我结婚的时候，也要买一双这样的高跟鞋，也穿一条那样的裙子。

本来还想着等同事休完婚假上班的时候，我要问她在哪买的衣服和鞋子。没想到，我在这里竟然看到了一模一样的高跟鞋！

我立刻让营业员拿过来，我要试试，看自己穿上这双红色高跟鞋，是不是也跟婚礼上的新娘一样漂亮。

营业员说:"真好看,就像量着你的脚做的一样,长短肥瘦都合适。穿上这双鞋,又显挺拔又显苗条,人立马高了一大截呢。"又说:"35码的,就剩下这一双了。"

镜子里的我,真的是不一样了。就像营业员刚才说的,挺拔又苗条。我从没见过这么漂亮的鞋子,很正的中国红,鞋面亮得能当镜子照。鞋口周遭的那一圈细钻,星星一样,不停地闪呀闪。皮质柔软细腻,摸上去,像绸缎一样。

谁说只有结婚才能穿红色高跟鞋呢,现在穿,也非常好看呀!

我决定把这双鞋买下来。我小心地把鞋放回到盒子里,问营业员:"多少钱?"

"现在正搞活动呢,原价989,现在7.5折,折后才740多,很划算的。"营业员说着,把一只鞋拿在手里,重新送到我面前,"你看这款式,这做工,这面料,简直太值了!"

740多?我一下愣在了那里。

七

厚军虽然一直对我不错,但这个价钱,显然也不在他的心理承受范围之内。从他一下瞪圆了的眼睛,我就看出来了。

我最贵的鞋,也没超过150块。740多,也太贵了吧,我半个月的工资呢!

我一步三回头地离开了柜台,走到门口,我还是忍不住回头朝货架上那双红色高跟鞋深深地看了最后一眼。

那双闪着亮光的鞋子，像长了钩子一样，勾住了我的心。

厚军拉着我的手，说：“从这个月开始攒钱，攒够了，咱就把那双鞋买下来。”

我知道，厚军也没有钱，他每个月都要给家里寄钱。有时，他也给我买些东西，我们俩一起到街上吃饭，也是他花钱。

但我心里还是有点不痛快，等你把钱攒够了，这鞋该早被别人买走了。

回去的路上，我懒得再去逛别的店，也不愿再说话。那双漂亮的红色高跟鞋，不时在眼前闪呀闪的，把我脑子都闪乱了。

那双鞋，真的是太漂亮了！

可是，它也真的是太贵了呀！

八

我想把那双红色高跟鞋忘掉。可是，越想忘掉，它就越不时地跑到我眼前来。

想到穿着那双高跟鞋时的样子，我就忍不住笑出声来，好像那双漂亮的红色高跟鞋，已经属于我了。

但愿它不要被别人买走了。这样想着的时候，我心里就会有些不安，好像是自己心爱的东西，不慎遗失了一样。

那天休班，贞丽美说想到街上去买双袜子，我说我陪她去百货大楼买。

贞丽美说，买一双袜子还跑那么远的路，路边小摊上就买了。再说，百货大楼的东西肯定贵。

我极力鼓动贞丽美到百货大楼去买。我说:"远点怕啥,反正休班也没啥事。百货大楼的东西比路边摊上的可能会贵点,可质量好呀。从路边摊买八毛一双的,一星期不到就坏了。从百货大楼买两块钱一双的,说不定穿三个月还好好的呢。你说哪个贵哪个便宜?再说了,百货大楼经常搞活动,说不定今天袜子正打折呢。走吧走吧,去看看吧。那里没合适的,回来再在路边买也不晚呀!"

贞丽美经不住我的劝说,就答应了。

到了百货大楼,我直奔那家皮鞋专柜。还好,那唯一一双35码的红色高跟鞋还在。我忍不住长长地吐了口气。

九

我让营业员拿过来,试穿。穿上那双红色高跟鞋,我在柜台和镜子之间走了好几个来回,心激动得咚咚狂跳。

"好看,真好看。"贞丽美说。

"昨天有位女士想买的,卡里钱不够了。她说今天再过来呢。35码的,就这一双了。喜欢你就买了吧,现在搞活动,8折,打完折不到800块钱。"服务员说。

"呀,800呀?"贞丽美惊得叫了一声。

我偷偷瞟了一眼标签,989,没变。才几天呀,竟然又涨了好几十块!

刚才还热情高涨的营业员,此时不再说什么,只冷冷地看着我们俩。

把鞋子递给营业员，我没再回头，心里却说不出是什么滋味。

商场里别的物品，进入到眼里，却不能进入到心里。平常逛街，逛过去就知道看到了啥，哪个东西在哪个位置。这回，我却只走眼不走心，贞丽美问我刚逛到的某个东西在哪，我摇摇头，脑子里除了那双红色高跟鞋，再没有别的东西。

以往逛街，我都是百逛不厌，不知不觉半天就过去了。这次，我和贞丽美早早就回了宿舍。

回去也没啥事，我躺在床上，玩了会手机游戏，就睡着了。

十

我做了个梦，梦到我穿着那双漂亮的红色高跟鞋，在大街上走着，好多人的目光都被吸引过来……我走到了一个婚礼的现场……我是婚礼的新娘……红色高跟鞋上的细钻，闪着星星一样的亮光……

我把手里的钱朝那个营业员递过去。营业员说，刚刚卖出去，你没碰到那个提着鞋盒子的人吗？

那双漂亮的红色高跟鞋，竟然被别人买走了！

我想朝门口跑过去，追上那个买了高跟鞋的人，把鞋子要回来。我有钱了，这鞋是我的，你不能拿走……可是，我的腿像是没了骨头，软得一步也迈不动。我想喊，想让那个把鞋买走的人回来，让她把鞋子还给我。喉咙里像是堵了什么东西，任我使出浑身的力气，也喊不出一个字……

睁开眼睛，天已经亮了。等到宿舍里的人全都起床了，我伸了个懒腰，开始慢慢穿衣服。

宿舍就剩下我一个人了。临上班前，我想把贞丽美送我的那条丝巾戴上，可翻了半天，也没找到。莫非是我随手丢到贞丽美的床上了？

我探头朝贞丽美的床上瞧了一眼，没有。贞丽美床上的东西很少，也很整齐，想找什么东西，一眼就看得见，不像我的床上有那么多东西。

贞丽美的床上没有我的丝巾。在她的枕头边，我却看到了她的工资卡。我拿起那张卡来看了一下，然后重新放回到她的枕头边，匆忙朝车间跑去。

十一

我跟贞丽美请假说肚子疼想回宿舍休息的时候，她一点也没看出我的不自然。她还热心地问我要不要紧，要不要去拿点药。我说没事，歇歇就好了。

我捂着肚子离开车间。出了大门，我就跑起来，一气儿跑回了宿舍。身上的汗，把内衣都湿透了。我顾不得这些，抬手抹一把脸上的汗，从贞丽美的枕边拿起那张银行卡，连宿舍门都没来得及锁，就跑着去了银行。

当我输入财务设的原始密码后，取款机竟然进入了下一步操作界面。贞丽美的密码，真的一直没改呀！我点了"余额查询"，屏幕上立即显示了12321.51的余额。来不及多想，我点击了"取款"后，在那两排数字上匆忙扫了一眼，我下意识地选择了最大的那个数——"10000"。

回到宿舍，我先把贞丽美的卡原样放回她的枕边，然后把那一万块钱藏好。擦净脸上、头上、身上的汗后，我躺在了床上。

心里很乱，我后悔取的钱太多了。本来就是想把那双红色高跟鞋买来，取一千块钱就够了。也怪自己当时太紧张了，没来得及想，就摁了最大的那个数。我想，要不把那九千块钱再给贞丽美存到卡里，可看看时间，离下班已经不到一个小时了，我怕贞丽美会回来。

那就再找个时间把九千块钱给贞丽美存到卡上，另外的一千块钱，等我有了就还到她卡上。

十二

开始的几天，我一直观察着贞丽美的举动，怕她发现银行卡被动过了。好几次晚上做梦，我都梦到警察来把我抓走了。惊醒后，我好长时间再无法入睡。那双红色高跟鞋，我也一直没敢买。

可过了几天，见贞丽美跟从前一样，没啥变化，我就不再那么紧张了。

休班的时候，我和厚军一起去了百货大楼。那双35码的红色高跟鞋还在那里，像是在等着我，我终于可以把它买下来了。

我给厚军也买了一双皮鞋。回来时路过一家肯德基，我们进去大吃了一顿。

那九千块钱，我也不再想着往贞丽美的银行卡上存了。跟从前一样，我依然有时间就去逛街。但有了钱之后，我不再逛那些路边小摊了，有时间我就去逛百货大楼、银座商城等大商场。

时间不长,那一万块钱就被我全花光了。

十三

厂里发了工资,贞丽美照例是先给家里寄了几百块钱,接着又要去银行存钱。她要我陪她一起去。我说我要洗衣服,没空。听她说要去银行,我一下紧张起来。

后来又想,都这么长时间了,她咋就知道是我干的。唉,反正已经这样了,爱咋咋吧。万一真被查出来,想办法把那一万块钱还她就是了呗。

看到卡里的钱不见了,听说贞丽美当时就哭着瘫在了自动取款机前。那家银行的大堂经理把她扶起来,又帮她拨了报警电话。

厂保卫科的人带警察来到我们宿舍的时候,我还心存一丝侥幸。当警察把我带到另一个屋里问话的时候,我就承认了。

我跟警察说,别跟贞丽美说是我偷了她的钱,我们俩平时挺好的,万一她知道是我,以后我们还怎么做朋友!

那个年轻的警察冲我笑了一下,是那种很奇怪的笑。我一直不明白,他为什么会那样笑。

十四

警察要把我带走的时候,贞丽美愣了一下,哭了。

我想过去,跟以往一样抱住贞丽美,跟她说点什么。可我才刚走了一步,那个长得很漂亮的女警察就一把拉住了我。我这双高跟鞋的鞋跟太高了,有将近十厘米,而且很细。我跟趄了一下,差点摔倒。女警察抓住我的胳膊,把我塞进停在楼下的车里。

警车鸣着笛,朝厂外驶去。

庭后絮语:

爱美,是人的天性。喜欢漂亮的衣服、鞋子,也无可非议,特别是像桂琼华这样年纪的女孩。尽自己所能,把自己打扮得漂亮一些,美一些,也是一种热爱生活的方式。但是,凡事太过,就容易出问题。俗话说,吃饭穿衣量家当。这个"量"掌握不好,就容易出问题。要靠自己的劳动去提高生活质量,非正常途径得来的东西,终究是不可靠的。就像有句话说的那样:"出来混,早晚要还的。"

生活中,桂琼华最大的爱好,就是逛街,她在琳琅满目的商品中,打发着自己的日子。她会随便买一些根本就没什么用的东西,由此可以看出她的迷茫。童年生活的不幸和爱的缺乏,一定程度上造成了桂琼华对物质的无限需求,并以此作为一种心理补偿。

归案后,桂琼华还天真地以为,只要把自己偷取的一万块钱还给贞丽美就没事了。人生没有目标没有方向,工余时间,不读书不学习,致使桂琼华对错不分,是非不辨。不切实际的贪欲,爱慕虚荣,法律意识淡薄,这一切导致了桂琼华在不知不觉中走上了邪路。

在此案中,贞丽美也有不当的地方。在六个人共同居住的宿舍里,贞丽美把自己的银行卡随便丢放,而且初始密码也不更改,这为桂琼华作案提供了方便。

桂琼华被带走后,善良的贞丽美找到单位领导,替桂琼华求情。她说:"桂琼华是一时糊涂,原谅她吧。"

贞丽美可以原谅桂琼华,但公正的法律对其所作所为,是无法原谅的。

桂琼华犯盗窃罪,依法被检察机关起诉。案发时,桂琼华已满16周岁,为完全刑事责任能力人。归案后,她能如实交代所犯罪行,且其亲属积极赔偿涉案钱款,取得了当事人的谅解。因桂琼华未满18周岁,依据相关法律,法院决定对其从轻处罚。根据《中华人民共和国刑法》第二百六十四条之规定,认定被告人桂琼华犯盗窃罪,判处拘役四个月,缓刑一年,并处罚金15000元。

肇星辰档案：

肇星辰，男，初中学历。身高1.80米，体形偏胖，方脸，浓眉大眼。左眉角有一条4厘米左右的陈旧疤痕。案发时，肇星辰17岁零8个月。

我爸是书记

关键词：

抱养　溺爱　特权　自私　刀

案件回放：

初中毕业没考上高中的肇星辰，不顾父母的劝阻，执意不再上学。几个月内断断续续地换了多份工作，辞职后，他整天在社会上游荡，与一群"哥们儿"鬼混。他不停地跟父母要钱，跟姐姐们要钱。一次又去跟三姐"借钱"未果后，他拿出刀子，放在了自己的脖子上。姐姐夺他手里的刀子时，她的儿子希希哭着跑过来。肇星辰为了阻止姐姐抢走他手里的刀，他一把抓过了希希。姐姐看到肇星辰抓着自己的儿子，她不顾一切地冲了过去，在争夺刀子时，刀刃碰到了希希的脸。希希右脸颊被刺破，右眼角膜受损。慌乱中,肇星辰随手抓起门口矮柜上姐姐的包,逃了出去。经相关部门鉴定,希希为六级伤残。被肇星辰抢走的女包里,有现金367.5元,LG手机一部。

肇星辰以抢劫罪,被提起公诉。

一

从懂事起,我就知道,我是爸妈抱养的。虽然他们对我很好,但我知道自己不是他们亲生的,那三个姐姐才是他们亲生的。我的亲生父母是谁,在哪里,我自己也不知道。

也许因为四个孩子中我最小,也许因为我是个男孩子,所以在家里,有什么好吃的,都先给我吃,有什么好玩的,也自然是我先玩。一次三姐趁爸妈不在,夺了我手里的糖,我大声哭起来,结果三姐挨了爸爸一巴掌。

从小,三个姐姐没一个敢惹我。

小伙伴也都不敢惹我,因为我爸是书记。村里的人都知道,我爸是村里的书记,我又是我们家最受宠的孩子。

我家所在的村子,虽然人口不是很多,但经济条件比较好,村里有自己的工厂,也有自己的商店。

小的时候,爸爸常带我去商店玩。每次去,那里的叔叔阿姨都会拿好吃的给我,有时是各种糖果,有时是饮料啥的,其实也没什么特别贵的东西。

爸爸从来不付钱,只对那些叔叔阿姨们说:"记上账吧。"

我知道了"记账"这两个字,觉得这两个字真好使,你想拿啥就拿啥,到时"记账"就行。

二

上小学的路上,正好经过村里的商店,我就常去里边转着玩,看到有自己需要的或喜欢的东西,就问叔叔阿姨们要,因为我知道,爸爸能"记账"。拿了东西,我就跟值班的叔叔阿姨们说一声"记上账",然后跑出去玩了。

开始的时候,我还有点不太好意思开口,有些怯怯的。等拿了两次之后,我也就习惯了。

后来,也不一定是因为需要或者喜欢某件东西,只是放了学没什么事,我习惯跟同学一起进商店去逛一圈。当着同学的面跟柜台里的叔叔阿姨说出想要的东西,然后说一声"记上账",拿起东西就走,这种感觉超级好。

商店就那么大,也不是每天都有新东西。我有时进去转一圈,再转一圈,也看不到喜欢的东西。即使这样,我离开的时候也要拿点什么,哪怕拿回来不吃不用随手丢到一边呢。哪天不到商店去转一圈,拿点什么回来,我就觉得心里空落落的。

三

开始爸爸也说过我,他说我需要啥了,想要啥了,告诉他,他去商店里给我拿。我总是自己去拿,影响不好。

我想,我去拿和爸爸去拿还不是一样,反正都是记账的。再说,我已经自己去拿习惯了,一下不让我去商店里逛、拿,我还真是不适应。

妈妈也说:"小孩子,拿点吃的怕啥,他也不拿啥大东西。你不也常去拿吗?"

爸爸没再说什么。

我照常到村里的商店去拿东西,"记账"的感觉,真的是很爽!

我的身边,经常围着一帮朋友。我会把从商店拿来的东西分给他们。其实都是些几毛钱几块钱的小东西,谁跟我关系好,我就分给谁。

我也会把一些小东西随手丢到老师的办公桌上。开始老师不要,让我拿走。后来老师习惯了,也就不说什么了。反正也都是一些值不了几个钱的小食品、小玩意等。

初二下学期,我跟初一的金枝恋爱了。金枝喜欢啥,到商店转一圈后回来告诉我,我马上过去拿来,送给她。金枝喜欢的东西有时有点贵,可我喜欢金枝,为了她高兴,贵就贵点吧,反正也不用我掏钱。

四

初三那年,刚过完春节不长时间,村里开始搞换届选举。没想到的是,我爸爸落选了。

不用爸妈说,我也知道,往后,村商店里的东西,再也不能随便拿了。

每天放学路过村商店的时候,从明亮的玻璃橱窗里望过去,各种各样的东西闪着诱人的光,像是在跟我打招呼。我心里难受得要命,像是有个啥东西在抓挠一样。

我想绕过商店,拐到别的路上。可走着走着,我不知不觉又走到了商店这条路上。

金枝看中了一条白底红花的丝巾。她跟我说，她喜欢那条丝巾。我跟金枝说，这好办！

同以往一样，我走到了商店门口，待要进门的时候，才突然意识到，我爸爸现在已经不是书记了，商店里的东西，我不能再随便拿了。

可此时金枝正在不远处等着我。我走到店门口了，总不能再退回去吧。那样的话，不被金枝笑话吗！

咬咬牙，我迈进了商店。

我一边貌似随意地闲逛着，一边在心里给自己打气。商店里的这些叔叔阿姨，都是我爸爸在职的时候让他们来这里上班的。再说，我爸刚刚不当书记，他们至少要给我个面子吧。

这样想着，心里就有了些底气，我就朝那条挂在货架上的丝巾走了过去。

五

拿丝巾给我的那个阿姨微笑着看着我，在把丝巾递过来的同时，她不紧不慢地说了句："五十六块八。"

我愣了一下，一时有些没反应过来。以往，不管我拿什么东西，他们从来都没有跟我说过价钱。

"五十六块八。"

售货员阿姨又重复了一句。

我明白过来，她的意思，是让我付钱。可是，我口袋里没有钱。

"我没带钱，先记上账行吗？一会过来还。"我说。

"记上账？给谁记账？这里不允许记账。一会你拿来钱再买吧。"说着，她转身把手里的丝巾挂回了货架上。

我不记得自己是怎么走出商店的。我也忘记了金枝还在等我。

跑到村后的小河边，我哭了很久，越哭心里越难过。我爸爸才刚下来那么几天，他们怎么就这样对我呢？

六

爸爸落选后，心里不痛快。他不是喝酒就是睡觉，有时喝醉了，随便找点小事就骂我妈，骂我姐姐。她们被骂也不敢争辩，只有躲到一边去哭。

开学后不长时间，因为一点小事，金枝不理我了。我好话说尽，也没能让她回心转意。我和金枝，就这么结束了。

我在学校里的地位也有了很大的变化。从初一开始，我就是班里的体育委员。刚开学没多久，老师也没说什么原因，我也没犯啥错，体育委员就成别人的了。我去找老师理论，结果他说我顶撞他，罚我在教室门外站了两节课。

以往整天围着我转的那帮朋友，也渐渐不跟我来往了。我越想越觉得上学没啥意思，依我的想法，当时就退学回家。可爸妈不让，非要我拿了毕业证再说。我想想他们说得也对，上了差不多十年学，连个证也拿不到，确实是有点亏。再说，离初中毕业也没几天了。

我忍着，一直忍到拿到了初中毕业证。

爸妈又说，等考上高中，我就能离开村子，到城里去上学了。

我想也是,到了县城的中学,谁还知道我爸不当书记了!对,考高中,离开这里,到县城去上学。

七

中考成绩下来了,我离录取分数线差了三十多分。我爸在县城待了好几天,想找人帮忙,让我上高中。最后,一个亲戚答应帮忙,不过要给学校缴一万五千块的"买分数"钱。

落榜后,我也想了,就是真能托关系上了高中,凭我现在的成绩,也考不上大学。听爸爸说还要拿那么多钱,我更不想上了。

我跟爸妈说,我想上班,想挣钱。

开始他们不同意,说我年龄太小,还是应该上学。我说学我是坚决不上了,别说是给学校钱,就是学校给我钱,我都不去。

爸妈看我执意不愿上学,也就不再逼我。

爸爸又出去了几天,回来时带给我一份在县城一家酒店当保安的工作。爸爸说这份工作是穿制服的,跟公安的制服差不多。酒店管吃管住,三个月的实习期。实习期间每月工资800块钱,三个月后涨到1200块钱,一年后每月1500块钱。

我想想也还行,就去了县城。

八

上班第二天，我就后悔了。

那身衣服半土不洋的，离公安制服差太远了。我的工作，就是站在门口，给人家开门、关门。有人走进来，老远我就要弯腰对人家说一声"欢迎光临"，然后还要动作麻利地帮人家打开门。有人出去，我也要弯腰跟人家说一声"欢迎下次光临"，再帮人家打开门。每天，我不知要弯多少次腰，不知要把那句话重复多少遍。

等到那些吃饭的人酒足饭饱地走了，我们才能凑合着吃点饭。馒头、大锅菜，每天都是一个样。有时客人点的菜太多，有些菜几乎没动就撤下来了。这些撤下来的菜，也归我们。

唯一让我感到满意的，是下班回到宿舍后，有免费的网络可以用。每天十几个小时的工作结束后，我回到宿舍，腰酸背疼。爬到床上，打开手机，白天的一切就离我越来越远了。

九

第一个月的工资发下来，我挨个给以前的那些朋友打了电话。我们找了个烧烤摊，先吃喝了一顿。然后在半醉半醒中，我们又找了个卡拉OK去唱歌。我们一群人一直玩到将近天亮。

那个晚上，虽然我一个月的工资全花光了，但我又找回了曾经的感觉。

接下来的时间，我只得跟爸妈要钱。他们知道我工资不多，在城里的花销也比在家里大。每次要钱，他们都会很爽快地给我。只要手里有点钱，我就想约朋友去吃喝、去玩。

保安的工作干了不到两个月，我就不干了。每天对着人家点头哈腰，还要受老板的气，我实在干不下去了。

在家里待了十几天，觉得比在城里的时候更烦，我就又想出去了。

爸爸找了镇上的书记，给我在镇政府办公室找了份工作。说实话，也就是个打杂的。

开始两天我觉得还行，起码不用跟人家点头哈腰了，也能坐着镇上的车，到县城买点东西、到政务中心送个材料啥的。过了不几天，我就觉出来了，他们根本不把我当回事。啥事都支使我干，啥人都可以支使我，我成了镇政府机关所有人的勤杂工，连厨房里做饭的人都可以支使我干这做那。我稍稍有那么一丁点的不高兴，他们就会无限地上纲上线，说我工作不积极，摆不正自己的位置。他们这些人，表面看起来一副斯文的样子，实际上，还不如酒店里那些人好相处呢。

忍着干了两个多月，我又回了家。

十

在外边工作的时候，我就想回家待着。真要回家了，过不了几天我就又想出去了。

这几年，到底换了几份工作，我也数不太清了。反正也没啥正经好工作，换来换去，没有我真正满意的。时间最长的，我好像做了差不多五个月吧。那个不是我不愿干了，是他们不愿要我了。

有工作的时候我工资也不高，两场酒加上唱歌都不够。

跟爸妈要钱的时候，他们不再像以前那样痛快了。以前是要得少给得多，现在是要得多给得少，甚至不给。每次我回家要钱，他们都问这问那的，好像我跟他们要了钱，是随便扔大街上似的。

爸妈那样做，真是让我很伤心，也很生气。

还有我的姐姐们，小的时候，她们啥事都让着我，一旦她们嫁出去了，就把我当洪水猛兽一样的，一个个小气得要命。有一回我跟大姐借钱，她竟然从口袋里掏出十块钱给我。她当我是谁呀，当我是要饭的？我借钱，是我现在没有钱，等我以后有钱了，又不是不还她！

十一

我只跟爸妈和三个姐姐要钱，从来没跟姐夫们借过钱，他们对我，一直也还算客气。

那天，我没钱了，想回家跟爸妈要点钱。正好二姐和二姐夫去看我爸妈。我跟爸妈说没钱了，想要点钱的时候，爸妈只说家里临时没钱，别的也没说什么。二姐夫仗着喝了点酒，跟我理论起来了。最后，他还骂了我。真把我气坏了，你算老几呀，来管我们家的事！你不就是觉得我现在没钱，瞧不起我嘛。

那回爸妈没给我钱，他们一直说没钱了。我不相信，没有多，还没有少吗！可他们一直说没有。

一分钱也没拿到，我跟爸妈大吵了一架。

没有钱，我咋生活？朋友们请我吃饭，我总不能只吃人家的，不回请吧，那我成什么人了？不行，我还得回家要钱。

过了几天，我又回家。家里的大门紧闭着，任我咋喊、咋敲他们也不开。

我很生气。既然当初把我抱回家，要我当你们的儿子，你们就要养我。我不就是跟你们要点钱花嘛，我要是有钱，要是有好工作，还用得着跟你们要钱？每回见了我就跟见了鬼似的。我要是你们亲生的，你们也这样吗？肯定不会。我小的时候，你们装作很疼我爱我的样子，真等到要钱的时候，你们就露出真面目了。

接连回家好几次，家里都大门紧闭，爸妈不给我开门。我越想心里越生气。那天回家，爸妈不在家，大门是锁着的。我把门锁撬开，在屋里翻了半天，也没找到一分钱。

找来找去，实在找不到啥值钱的东西，我看到家里的铝合金门窗是新的，是去年大姐夫出钱新装的，这个拆下来，应该也能卖点钱。

我把门窗拆下来，卖到了废品收购站。虽然没卖多少钱，但拿到钱的时候，短暂的快感，还是从心里往外冒了出来。

十二

看来跟爸妈要钱是没啥希望了。真没想到，这个家穷成这样，连一点值钱的东西都找不到。我爸那么多年的村书记，真是白干了。

别的亲戚家肯定也不会借钱给我的。三个姐姐，也就三姐还有可能借给我钱。大姐太抠了，一分钱都捏出汗来的主。二姐家里条件不错，她和二姐夫都在政府部门工作。以往跟他们借钱，虽然他们一次不如一次痛快，脸色也一次比一次难看，可他们总不会让我空手离开。只是，那天刚跟二姐夫吵了架，怕这回不好说了。我想还是先去三姐家，等下次，再去二姐家。

在家里，三姐跟我关系最好，也最疼我。我们俩年龄相差不到两岁，从小到大，一直是一起玩的。

三姐竟然也给我脸色看，她唠叨着自己生活的不易，爸妈的不易。我有些烦了，我是来找你借钱的，又不是来听你瞎唠叨的。

"我还忙着呢，借给我点钱！我马上得走。"我不耐烦地打断了三姐的唠叨。

"你就知道要钱！跟爸妈要，跟我们要。哪个的钱是从路边白捡来的？你是小孩子吗？你那么大个人了，还要别人养活！"三姐也生气了。

"你到底借不借？"我真生气了。

"谁有那么多钱填你这个无底洞？没钱！"三姐说着，扭头就想朝卧室走。

"好，你厉害！今天你不拿钱，我就死在这里！"我掏出刀子，放在自己脖子上。

我知道三姐心软，胆子也小，我想吓唬她一下，三姐肯定会拿钱给我的。三姐扭头看到了我手上的刀，她的脸唰地一下就白了。她一步跳到我跟前，猛地伸出手，想夺我手上的刀。

这时候,三姐的孩子——我的小外甥希希哭着跑过来。我上前一步,抓住希希,把他拉了过来。

三姐哭喊着朝我扑过来。也不知道怎么的,我手上的刀就碰到了希希的脸。看到鲜血从希希的脸上流下来,我呆了一下。怕姐夫回来打我,扔下刀,我想跑。

在门口的矮柜上,我看到了三姐的包。顺手抓起包,我朝楼下跑去。

十三

我没想到希希伤得那么重。当时,我只是想吓唬吓唬三姐。如果她很痛快地拿钱给我,我哪会把刀子掏出来啊。

我恨我养父母，他们把我捡回来干啥。让我过这种穷日子苦日子，还不如当初直接让我死了算了。他们不把我捡回来的话，说不定我还能落个好人家呢！

缺钱的时候，我有时也会想到我的亲生父母，不知道他们是干啥的，有没有钱。如果他们有钱的话，哪天来找我了，那该多好！可是，他们一直也没来找我，让我在这个家里受苦、受穷。

看看我那些同学，好几个都开几十万的车，在城里也有房子。再看我，有啥？人家爸妈当官的，也能给孩子找个好工作，再看我爸妈，除了能给我找个看门的保安、给人家端茶倒水的小打杂、商店里卖东西的店员啥的，他们连个正经工作也不能给我找。你说，这一切能怪我吗？

庭后絮语：

没人来参加肇星辰的庭审。可能，家里人在忙着什么，脱不开身。也可能，他们的心，早就被他伤透了。亲人们已经不愿意见到他，更不愿意见到法庭上的他。

直到此时，肇星辰对自己的行为，也还是没有正确的认识。他把自己的所作所为归咎于父母对他的溺爱，对他的教育不当，不能给他找到好的工作，等等。好像一切都是别人的错，他只是个受害者。不可理喻的自私，使他不能从根本上认识到自己的错误。他只想索取，不想付出，也不能脚踏实地地面对现实，过正常人应该有的生活。他听不进任何人的规劝。

从小养成的以自我为中心，让他无法好好反省，反而觉得所有人都对不起他，瞧不起他。他觉得是父母无能，是姐姐们无情，才造成了他现在的处境。

肇星辰的世界里，只有他自己。所以，他才会不停地跟爸妈要钱，跟姐姐们要钱。等到爸妈实在拿不出钱来的时候，他连爸妈的房屋门窗都拆卸掉，拿去卖钱。就连用刀伤到了小外甥，他首先想到的，不是赶快把小外甥送到医院，而是怕姐夫回来打他。肇星辰的自私、无赖，已到了令人发指的地步。

父母亲人没办法说服教育他，就让法律来约束他吧。但愿狱中生活，能让肇星辰意识到该怎样做一个人，该如何做一个儿子，一个弟弟，一个长辈。

案发后，公安机关多次电话传唤肇星辰，他均未到案。被抓获归案后，虽其对所犯罪行供认不讳，但认罪悔罪态度较差，故无减轻情节。案发时，肇星辰已满16周岁，应当对其抢劫行为承担法律责任。因其未满18周岁，系未成年人，且抢劫对象系其近亲属，在量刑上，法庭酌情给予减轻处罚，判决认定肇星辰犯抢劫罪，被判处有期徒刑三年。

丰盛茂档案：

丰盛茂，男，初中学历。身高1.73米，体形适中，肤色白净，瓜子脸，大眼睛，戴近视眼镜。2015年3月，因入室抢劫、强奸，被公安机关抓捕归案。案发时，丰盛茂16岁零3个月。

千亩地里那棵苗

关键词：

溺爱　网瘾　宅男　抢劫　强奸

案件回放：

丰盛茂趁同村娟娟超市老板不在家之际，夜晚翻墙进入超市内，用刀逼老板娘卫娟娟交出了家里的一千多块钱后，又临时起意，强奸了卫娟娟。事后，丰盛茂拿着抢劫来的一千多块钱，逃离娟娟超市。卫娟娟报案后，警察通过实地勘查、走访和调取录像，锁定丰盛茂为嫌疑人。当天中午，还在睡梦中的丰盛茂被抓捕。归案后，其对所犯罪行供认不讳。

一

那天晚上,去娟娟超市之前,我没想到自己会被抓到。即使做完事回了家,我也没想到会被抓。

从娟娟超市往家跑的时候,我有点慌。等跑到了家里,把门关上,我就觉得安全了。在屋里愣了一会,把头套、手套脱下来扔一边,我就接着上网了。

半个多月前,我就为干这件事做好了准备。我买了头套,是电视上经常看到的那种,黑色的,只露出两只眼睛。我还买了手套,不薄也不厚的那种,太厚了不方便,太薄了,我怕会把指纹漏下去。我觉得不厚不薄的这种应该比较好用。我把买好的东西藏在床底下的箱子里,我怕家里人看到,他们看到了,肯定要问东问西的,很麻烦。

到底哪天晚上去,我也没想好。那天晚上,我正好看了一个抢劫的片子,看完后就想,片子里的那个人,多带劲呀!要不,就今天晚上吧。

我轻手轻脚地走到院子里,看到妈妈屋里是黑的,爷爷奶奶屋里也是黑的。这个时间,他们早就睡了。

回到自己的房间,拿了早就准备好的那几样东西,我踮着脚下了楼。打开大门,顺着黑漆漆的大街,我大步朝村西走去。

二

娟娟超市在村子的西头,是个不大的小店,里边摆满了各种日常用的小东西。说是超市,其实就是他们家一间临街的房子,在朝街的那面墙上开了个门,另一个门,就在他们家的院子里。

以前我也去那里买过东西。这些日子,我知道那个叫卫娟娟的女老板都是自己带着两个孩子在家。她家男人最近一直在省城,听说好像是在联系一个啥业务,要过些日子才能回来。

那天晚上风很大,街上连个人影也没有。在这个小村子里,即使没有风,过了晚上九点,街上也极少有人了。

临出门的时候,我看了下表,都快十二点了,肯定不会遇到人。即使真的遇到,他们也不一定认得我。从去年夏天初中毕业到现在,我大多数时候都是在家里。早晨妈妈他们出去干活的时候,我还在床上睡。晚上我不想吃饭的时候,就一直在自己的房间里。等到我觉得饿了,下楼吃饭的时候,他们又都睡了。不用说外人,就连爸妈他们,有时也要好几天才能见我一面。

三

往娟娟超市走的时候,我心里也没觉得有什么害怕。唯一担心的,就是超市里赚的钱,会不会恰巧被存到银行里了。那个小店,一天收入也就几百块钱。村里没有储蓄所,存钱要到三公里地外的镇上。村里干买卖的人家,都是攒几天钱,就到镇上存。

我边往娟娟超市走,边在心里想:超市里赚的钱,可别是今天刚到镇上存了吧。那样的话,我岂不是白跑一趟了?抢不到多,还抢不到少呀,她总不会把钱全都存到银行吧。不会,肯定不会。既然出来了,那就去走一趟吧。

我估摸着,她家里钱多的话,能有个三五千,就是少,也不会少于三五百。想到这里,我的脚步就快起来。

虽然我也不差这几百块钱,但有总比没有要好吧。我每次跟家里要钱,也没费什么劲。不过我要是自己有钱了,不就花着更方便嘛。想到片子里那些抢钱的人,我就想试试。

四

从我记事起,我爸爸就一直在外边跑运输,十天半个月才回来一趟。我跟爷爷奶奶、妈妈和姐姐在家。爸爸每次回来,都会给我带好东西,有吃的,也有玩的。

姐姐比我大五岁,爸爸带回家的好东西一般都没她的份,家里所有的好东西,好像都应该是我的。从小,我想要什么,爷爷奶奶爸爸妈妈他们都会想办法满足我。对于我提出的要求,偶尔爸爸妈妈不太同意的时候,我就去找爷爷奶奶,他们一出面,爸妈肯定就能同意了。

记得那年我刚上小学,有一天突然就不想去上学了。那天爸爸正好在家,他好说歹劝,又是许愿又是吓唬的,我就是死活不去。

其实我在学校也没发生啥不愉快的事。没有跟同学打架,也没有被老师批评,就是突然不想去上学了。

最后,我躺倒在地上,哭起来。

那回,爸爸真生气了,举起手,就要打我。爸爸的手还没落到我身上,从外边回来的爷爷看到这一幕,立马把手里的小马扎砸向了爸爸。爷爷生气地骂爸爸:"还反了你了!你敢打俺茂一下试试?看我不跟你拼了!"

爸爸举在半空中的手，一下软下来。

爷爷弯腰把我搂在怀里，抚摸着我的头，气呼呼地对爸爸说："咱盛茂才多大的孩子，你就这么管他！你不是他亲爹呀？把孩子吓着了咋办？"

在爷爷的怀抱里，我更大声地哭起来。

五

以前，想做啥事，或做了啥事，我从来不去想前因后果的。好多时候，就是自己突然想干啥了，就去干。有时甚至自己也不知道想干啥，想要啥，就是觉得无聊了，觉得应该有个啥事了，就找件事来干。干好了家里人就会"宝贝""乖乖"没完没了地表扬我，干坏了反正有他们来收拾。从小到大，一直是这样。

有时我跟同学闹矛盾，如果是同学吃了亏，爷爷就会安慰我，让我别怕。如果是我吃了亏，爷爷肯定立马找到那个同学家里去。

每当爸妈试图管教我的时候，爷爷总是会及时出现。爷爷常挂在嘴边的一句话就是：树大自然直。

爸妈对爷爷奶奶很孝顺，他们也不想因为管教我惹爷爷奶奶生气。

我爸爸弟兄四个，大伯家有两个姐姐，二伯家有三个姐姐，四叔家有一个姐姐。我妈生了我姐五年后，生下了我。

听说，当时我爷爷知道生了个男孩后，在院子里长跪不起，被人扶起来后，脸上流着泪，仰头对着天空哈哈大笑，边笑边说："老天爷，俺丰家有后了！"说着，又连磕了三个响头。

我爷爷是个非常传统的农民,凡事都按老理来,爷爷一辈子连县城都没去过。在我们那里,儿媳妇生了孩子,当公爹的在小孩满月前,是不能到儿媳屋里去的。但在我出生的第二天,实在忍不住想看孙子的爷爷,在奶奶和爸爸的陪同下,进屋看了我。听说,爷爷看到我后,激动得说话都不连贯了。

爷爷常说,我是丰家千亩地里的一棵苗,金贵着呢!

六

我从小学习就不好。上课的时候,心里时东时西地不知想些啥,常常听不见老师在讲什么。反正老师请家长我也不害怕,时间长了,连老师都懒得再叫家长了。

小学低年级的时候,家庭作业都是爷爷和妈妈他们陪着、哄着,我才勉强"给他们"把作业做完。后来,随着年龄的增长,我不但没懂得学习的重要性,反而玩心更重了。初二那年,我跟二班的漫丽谈起了恋爱,心里就更没了学习这事。每节课四十五分钟,对我来说简直是煎熬,我数着分秒,只等着下课铃声一响,就跑出去找漫丽。

漫丽的姥姥家在我们村,放了学,她经常去姥姥家。这样,我们就能常在一起。跟漫丽的事,我家和她家的家长其实都是知道的,他们也没有表示过反对。

每次我带漫丽回家的时候,爷爷奶奶看着她,都是满脸的笑容。他们很喜欢漫丽,奶奶说,爷爷像我这么大的时候,已经跟她结婚一年多了。

我也到漫丽家去过，看不出她爸妈对我们俩的事是支持还是反对，我感觉应该是默许吧。

拿我爷爷经常说的一句话来说就是：看咱茂这个头，这长相，那真是没得挑，咱茂找媳妇，三里五乡可着劲地选。

我觉得漫丽的爸妈之所以不反对，是因为我家里条件好。我爸爸一直跑运输，我家的三层楼，是全村第一栋。

我和漫丽有空就腻在一起。初三那年暑假的一天，漫丽来找我玩，爷爷奶奶到姑姑家去了，爸爸妈妈也都不在家。我和漫丽在我的房间看了会电影，是我在网上下载的那种电影，看着看着，我就忍不住了。我和漫丽偷吃了禁果。

七

跟漫丽偷偷在一起的快乐，无法抵消我对学习越来越严重的厌倦甚至憎恶。好不容易挨到初中毕业，不顾漫丽的劝阻，中考我连名都没报，就回了家。

家里人知道我一上学就头疼，也就没有勉强我。

刚离开学校的那些日子，我感觉很快乐。没有了老师的管束，也不用按时起床按时睡觉了。我想什么时候起就什么时候起，想什么时候睡就什么时候睡。开始的时候，妈妈和爷爷奶奶他们晚上起床去厕所，看到我的房间亮着灯，还会过来喊我早点睡。我应着，该啥时睡还啥时睡。后来，他们见不起作用，也就不上来管我了。

我一般是中午起床，那时候家里人都吃过午饭了。

我刚离开学校的时候，家里人吃饭还来喊我，后来见我烦，也就不喊了。他们会把饭温在锅里，我啥时起床啥时吃，吃完饭接着上网。晚饭我一般是跟家里人一起吃的，这也是一天中我唯一跟他们在一起的一段时间。爷爷奶奶、妈妈和姐姐有时想跟我聊点啥，我还急着去上网，就没心情跟他们聊。吃饭的时候我很少说话，吃完饭把筷子一丢，就去三楼我的房间，关上门，开始上网。直到凌晨实在困得不行了，衣服也不脱，有时连鞋子都不脱，我爬到床上就睡。好多时候，也不知道关没关灯，我就睡着了，一直睡到第二天的中午。

八

这样的日子过了有两个来月吧，我爸妈都说这样下去不行，我整天闷在屋子里，会闷傻的。他们商量着，想让我出去找点活干。

漫丽也总嫌我在家闷着。她说要不就去上学，要不就去打工。她让我选一个。比较了一下，我觉得还是去打工吧，学校我是再也不愿意去了。

正好我有个同学在建筑工地上打工，从QQ上跟同学聊了一下，我就决定去那里看看。临走的时候，我只跟家里说是去县城工作，并没告诉他们具体是去做什么。当时我也没确定是不是要在那里干。

我到那个工地去看了一下，那里条件一点也不好。我就想另外再找个别的活干。在县城转了三天，手里的钱花掉快一半了，我也没找到合适的工作。我一没学历，二没经验，在人生地不熟的县城，能找到啥好工作？当时我就想回家了，可想到刚出来几天就回家，面子上也不好瞧呀。

我转来转去，就又转回到了那个工地。

咬牙在那里干了不到两周，从小到大，我哪吃过那样的苦，受过那样的罪？实在做不下去了，我工资也没要，就跑回了家。

爷爷奶奶见我黑了，也瘦了，抱着我不停地抹眼泪。他们怪自己不知道真相，让我受了那么多罪，怪爸妈没照顾好我，怪我不知道早点回家。甚至，他们还骂了姐姐，怪姐姐没及时把实情告诉他们。

回到家后,我又回到了曾经的生活轨道上,过着困了睡、饿了吃、不饿不困就上网的日子。

九

一旦进入到网络世界里,就像有一只看不见的大手紧紧揪住我的心,让我无暇其他。

网络世界真是太丰富多彩了,想看啥样的东西,就有啥样的东西在等着。在暴力与血腥中,我觉得自己无比强大;沉迷于黄色影片中,我忘记了吃饭,忘记了睡觉。常常就连我是谁,我都不知道了。

我与家人的交流越来越少,怕他们打扰我,一进房间,我就把门反锁上,他们想进也进不来。只有在饿得不行或想去厕所的时候,我才会短暂地离开自己的房间。

作案用的那些东西,我也都是在网上买的。

以前觉得网络真是个好东西,你想要啥,它都能给你。现在想想,当时所迷恋的那些东西,真是太可怕了!那是我吗?那是一个有血有肉的人吗?

十

那个叫卫娟娟的女人一定是被我手里的刀子和头上的黑面罩给吓蒙了。她一遍遍不停地重复着:"求求你别伤害我的孩子,钱都给你。"她浑身不停地颤抖着,手里的钥匙咋也塞不进锁眼里。我夺过钥匙,打开抽屉,把里边的钱划拉了一下,装进口袋里。

也太简单了吧,前后不到两分钟的时间,我就这样离开吗?太不过瘾了。我环视一周,房间里确实也没啥值得拿的了。

正当我有些遗憾地准备离开时，目光落在了只穿着一条内裤，靠在床边抖成一团的卫娟娟身上。

我一把将她拽过来，摁到了床上。卫娟娟哭着拼命挣扎，不停地哀求我放过她。可那时的我，仿佛到了游戏中：我是最强大的，任何人都不可违背我的意愿，我要主宰一切！

完事后，我翻墙离开了卫娟娟家。

跑回家关上门，我先掏出口袋里的钱数了数，一千四百三十五块。把钱随手放进电脑桌的抽屉里，动一下鼠标，我重新回到了网络世界里。

十一

中午，警察来到我们家的时候，我还在梦中。我是从床上直接被他们带走的。

爷爷奶奶和妈妈开始以为警察是走错了门。等到警察真要带我走的时候，他们哭喊着，试图拦下，想问到底是咋回事。一位高个子警察伸开双臂，把他们挡了回去。

直到被带上警车，我还没有完全醒过来。

警车鸣叫着朝村外驶去。街上聚集了好多人，伸长脖子朝警车里看。警车在娟娟超市门前停了一下，然后朝镇政府的方向驶去。

昨晚娟娟超市里的景象，在我脑海里闪了一下，紧接着又被网络游戏中的场景替代了。两个不同的场景不停地转换着，我一时辨不清到底哪个是真的，哪个是虚拟的。

脑子一阵阵发蒙：我都回到自己家了，他们怎么又找来了呢？还这么快？他们怎么会想到来抓我呢？

一路上，在半睡半醒中，我百思不得其解。

十二

我出事后，妈妈整天哭，后来就得了抑郁症。听说妈妈躲在家里，谁都不见，哪里都不去。自从我出了事，她连姥姥家都没去过。爸爸因为分心，出了车祸，致人重伤，把家里的大货车卖掉，还不够赔偿。跟姐姐处了三年多的男朋友，嫌丢人，也跟姐姐分手了。我知道，姐姐是很爱他的。最让我不能接受的是，从小疼我爱我、事事处处护着我的爷爷，受不了这样的打击，在我被抓的第二天，就卧床不起。一个多月后，爷爷离开了人世。听说爷爷在昏迷的那几天里，一直喊着我的名字。爷爷临走，也没能跟他的孙子见上最后一面。（丰盛茂说着，脸上的泪不停地滚落下来。他抬起手臂抹掉，新的泪水马上又滚了下来。）爷爷走后，他唯一的孙子，也没能到他的灵前。

十三

以前在家里的时候，我啥都不管啥都不想。进来以后，以往的那些事在脑子里过了好多遍。我想，如果那回我无故不去上学，爸爸真打我一顿的话，我可能也就去上学了。我这样说，不是说在孩子提出无理要求的时候，该打他一顿才奏效，不是。但绝对不应该像他们那样，只是一味哄着我，由着我的性子。那时的我，是分不清对错的。在我想要无赖的时候，他们不是阻止我，而是在某种程度上纵容了我的无知、无赖和是非不分。

当然，根本的问题还是我自己。家里人虽然对我娇惯，但他们从来都是让我做个好人，做个善良的人。做人最基本的，我都没做到。我放任了自己，善恶不辨。那么大的事，我竟然没过脑子，就去做了。现在想想，我真是太浑了，怎么会去做那样的事呢？

他们爱我的方法，可能是有些问题。但他们对我的爱却是不容置疑的，他们全心全意地爱着我，甚至都不顾他们自己。

可我却利用了亲人对我的爱，无限地放纵自己。直到最后，到了好坏不辨真假不分的地步。我害了别人，害了家人，也害了自己。

像爷爷所说，我是丰家"千亩地里一棵苗"，我享受了更多的阳光雨露，得到了更多的营养。可是，我却没有因此而更茁壮地成长，而是偏离了正常的方向，在邪道上，越走越远。

庭后絮语：

溺爱、宅、网络、抢劫、强奸，看似丝毫不搭边的几个词，却全部集中到了丰盛茂这个刚满16岁的少年身上。

与以往庭审不同的是，只有丰盛茂的爸爸一个人作为监护人参加了庭审，他的妈妈没有进来。丰盛茂的姐姐，陪着妈妈和奶奶等在门外。

庭审结束后,丰盛茂的家人呼地拥过来。佝偻着腰的奶奶,瘸着一条腿的爸爸,紧咬嘴唇、不让泪水流下来的姐姐,他们一下把丰盛茂围住了。丰盛茂的妈妈没有过来。自从丰盛茂出事后,这是妈妈第一次走出家门。靠在法庭门外的墙上,极度瘦弱的妈妈仿佛不靠着点什么,随时都会跌倒似的。她就那么远远地望着儿子,嘴唇动了动,像是要说点什么,但最后什么也没说出来。听说,丰盛茂的妈妈曾经是村里最漂亮的女人。但现在的她,花白的头发,深陷的眼窝,微驼的背,哪还有半点"漂亮"的影子?

双膝一软,丰盛茂跪倒在家人面前,泪流满面。他边哭、边念叨:"奶奶,对不起……爸爸妈妈,对不起……姐姐,对不起……爷爷……爷爷……对……不……起。"丰盛茂哽咽着,说不下去了。

两名法警一左一右拉着丰盛茂的胳膊,把他从地上拽起来,朝警车走去。

丰盛茂努力扭头看了一眼不远处哭作一团的家人。

警车门哐的一声关上了。警笛鸣叫着,警车驶出法院大门,眨眼不见了。

直到这时,丰盛茂的妈妈才像是突然醒了过来:"盛茂,盛茂,孩子……"她跌跌撞撞地朝着警车驶离的方向,摇摇晃晃地往前跑了几步。一个趔趄,她重重地趴在了地上。

"天作孽,犹可违。自作孽,不可活。"家庭的溺爱,空虚无聊,是非不分,无限地放纵自己,直至犯罪。丰盛茂的人生轨迹,值得每一位家长思考,更值得此时还沉迷于网络、没有目标没有方向的年轻人自省。任何事情的发生,都不会是没有缘由的。在丰盛茂的成长过程中,家庭这个"外因"有一定的负面影响,但丰盛茂本人"内因"的责任更是不容推卸的。

以往,不管是丰盛茂本人,还是他的家人,肯定不会想到,这一幕会出现在他们的生活里。等到知晓的时候,一切,都晚了。

少年法庭通过不公开审理,对丰盛茂进行了审判。案发时,丰盛茂已年满16周岁,应当对其抢劫、强奸犯罪行为承担刑事责任。法院对丰盛茂判决结果如下:丰盛茂因犯抢劫罪,被判处有期徒刑九年。犯强奸罪,被判处有期徒刑三年零六个月,合并执行有期徒刑十年。等待着丰盛茂的,将是十年的牢狱生活。其人生最具朝气的十年,将在高墙之内度过。

黎巧儿档案：

黎巧儿，女，初中学历。身高1.58米，肤色较黑，偏瘦，短发。说话时目光盯着自己脚前的空地，爱咬手指甲。父母一直在外地打工，她和8岁的弟弟跟年迈的爷爷奶奶一起生活。案发时，黎巧儿15岁零11个月。

枯井中的女婴

关键词：

留守 诱奸 怀孕 死亡

案件回放：

留守女孩黎巧儿被强奸后怀孕，因不知道如何处理，最终把孩子生了下来。怕爸妈知道后打她，也怕周围人知道后耻笑她，束手无策的黎巧儿把刚刚生下的女婴丢进了屋后的枯井里。枯井中的女婴被人发现时，已奄奄一息。医务人员虽然极力抢救，但女婴还是离开了人世。

黎巧儿以故意杀人罪被提起公诉。

一

听奶奶说，小时候我是个特别爱笑也特别爱哭的孩子。

奶奶说，那时村里的爷爷奶奶叔叔婶婶们都喜欢逗我玩，他们说我的笑声又脆又亮，特别好听。那时，我还不会说话。

稍大一点，我变得特别爱哭，整天哭喊着找妈妈。那又脆又亮的笑声，被没完没了的哭声替代了。奶奶有时急了，就吼我一声：哭，哭，你拿哭当饭吃呀！奶奶好不容易把我哄好了，转头，我又想起了妈妈，又到处找，不停地哭。常常，在奶奶怀里哭睡着了，睡梦中，我还是不时地喊一两声"妈妈"，也还是要断断续续地抽泣几声。

爸爸妈妈没到深圳打工的时候，其实我也不是一个特别恋妈的孩子，家里人谁抱我出去玩都行，我都不哭不闹的。可妈妈真的走了，我就不停地找她，不停地哭，好像离开她一会都不行的样子。

逢到我实在哭得不行了，奶奶想尽办法也哄不好我的时候，她也陪我一起哭，边哭边骂我妈心狠，骂我妈把我的魂带走了。我不许奶奶骂我妈，我一边哭，一边用小手去捂奶奶的嘴。

有时，奶奶也会数落我，奶奶会说，你妈咋那么好啊，像是奶奶爷爷不疼你不管你似的！你爸小时候，我疼他，也没现在疼你的一半。你妈在家能咋呀，不也是管你吃管你喝管你睡！

二

奶奶说,我一哭就是大半年。爸妈是过完春节走的,等到秋天的时候,我才慢慢不哭了。奶奶说那大半年,我没长高也没长胖,能看得出的变化就是脸黑了,眼睛变大了。

那年春节,爸妈回家过年。妈妈进门,背上的包都没放下,就抱起我,边哭边不停地在我脸上亲着。我拼命地用小手推她,推不开,我就边喊奶奶,边在妈妈怀里挣扎。挣不动,我就大声哭起来。

妈妈扑倒在床上,更大声地哭起来。

躲在奶奶怀里,我惊恐地看着大哭的妈妈。我想过去哄妈妈,可是,不知怎么心里有些怯怯的,我往前挪动了两步,就停住了。

奶奶轻轻拍拍我的头,说:"快过去哄哄你妈妈吧。"听奶奶这么说,我转头把脸埋在了奶奶怀里,伸手搂住奶奶的腰,任谁说什么也不再把头抬起来了。

爸妈在家过完春节,正月十六就又走了。

爸妈走的时候,我没哭。爷爷抱着我,说:"巧儿,快跟爸妈说再见。"我望着他们,没有说话,也没有挥手。

妈妈从爷爷怀里抱过我,亲了亲,然后就跟爸爸一起上了门口的农用车。

往家走的时候,奶奶说,看咱巧儿长大了,不哭了。

听奶奶这样说,我突然又想哭了。抹去脸上的泪水,我没有让自己哭出声来。

爷爷奶奶都很疼我,有啥好吃的,他们自己从来舍不得吃,都留给我。我想吃啥想要啥了,爷爷奶奶也尽力满足我。

三

我上小学二年级的那年春天,妈妈生下了弟弟。

春节的时候,爸妈带弟弟回来了。过完年临走的时候,他们把弟弟留在了老家。

弟弟不爱哭，就爱捣蛋。只要不睡觉，他一刻也闲不住。

自从弟弟回来后，我觉得爷爷奶奶不那么疼我了。家里有啥好吃的好玩的，都要先给弟弟，有时我想要了，爷爷奶奶就会说，你是姐姐，你要让着他，他不是比你小嘛。

我心里不高兴。比我小就要啥事都依着他？我还比他早到这个家呢，为啥不依着我？

心里这么想，可我不说出来。好多事，我都爱放在心里，在心里生闷气。反正有时跟爷爷奶奶说了，他们也听不进去，也不向着我。我就懒得跟他们说。

心兰跟我说："这哪是年龄大小的事呀，分明是重男轻女啊。你看我家，我爷爷奶奶也是向着我哥哥，不向着我。"

四

班里的同学，我跟心兰关系最好。心兰的爸妈也在深圳打工，也是一年或两年才回来一次。心兰跟我不同的是，她有一个大她两岁的哥哥。

不管上学还是放学，我和心兰都在一起。我家和她家一个在村子的东头，一个在村子的西头，可这一点也没有影响到我们俩的来往。每天上学的时候，逢到我家吃饭早了，我就跑到村子西头，去她家等她。遇到她家吃饭早了，她就跑到村子东头，来我家等我。

我和心兰有时也闹矛盾，不说话。每回时间不长，也不知谁先跟谁说了话，就和好了。

心兰学习成绩比我好，在班里中等偏上的样子。我的学习成绩一直不好，越不好就越学不进去。常常一节课下来，老师讲了啥，我使劲想，也想不出来。

我也想把学习搞上去，考个好高中，再考个好大学，到大城市去上学。可是，上课的时候，我觉得脑子里满满的，老师讲的东西根本进不去。脑子里那些东西到底是啥，我也不知道，反正一会是这一会是那的，像被风刮着跑来跑去的一团乱线，各种各样的颜色和形状。它们不停地变换着，不等看清楚，已经又变成了另一种样子。

好多时候，我也想让那团五颜六色的乱线停下来，好好理一理。可是，总是有风刮着，它无法停下来。即使偶尔有一刹那的停顿，望着那一团乱线，我也觉得实在无从下手。

初一那年暑假过后，心兰没再到学校上学，她和初中毕业的哥哥一起去了深圳。

五

上学放学，我开始一个人走。

刚开始的时候，吃完饭，我还是习惯背起书包就往村子西边走，走着走着，突然才想到心兰已经不在村里了，她去了深圳，去找她爸妈了。我停下脚步，心里特别难过。

我跟爷爷奶奶说，我不想上学了，我想跟心兰一样，到深圳去，找我爸妈。我并不是有多想见我爸妈，其实我是想心兰。

奶奶说，弟弟还小，她和爷爷都老了，管不了弟弟，我在家，生活上也有个照应。奶奶也许是看出了我的心思，又说："心兰去的那个地方，大着呢，听说开车都要大半天的，你就是到了那里，也不一定能见得上她。"

我想想，觉得也是。弟弟越来越野了，每到吃饭的时候，都是我满村子去找。爷爷腿不好，一走路就疼。奶奶眼睛不好，白天走路还要小心，到了晚上，在家里奶奶都要扶着墙，扶着家具，才敢走路。我走了，他们怕是连找弟弟回家来这事都难。家里洗衣服、做饭这样的事，差不多也都是我来做。我要是真走了，衣服谁洗，饭谁做？再说，我要真去了，怕是连住的地方都没有。听说爸妈在那边租的房子，除了一张床外，别的啥都放不下。

在家里，起码我还有一张自己的床，尽管很小。家里共有两间半房子，西边的一间爷爷奶奶和弟弟住，中间的一间是厅，东边的半间小房子里堆满杂物，在正对门的地方，放了一张窄窄的小床，那是我的房间。

爷爷说："再有一年多你就初中毕业了，等毕业再说吧。"

我盼着能快点初中毕业。

六

还没等到初中毕业，就出了那事。

那个男人叫肇四，他家离我家不远，以往，我管他叫四叔。

肇四的老婆在县城当保姆，肇四家的房子在街上。

他在临街的房子里开了个手机店，给人充话费，也卖手机。肇四店里的手机都很便宜，从几十块钱到一二百的都有。

我第一次去肇四的店，是因为家里的手机坏了，充不上电。爷爷说让我放学的时候顺路拿到肇四的店里，让他帮忙看看。

我喊他四叔，我说让他帮忙看看手机咋回事。

肇四接过手机，却不看手机，眼睛直直地看我。我不知道他为啥那么看我。正当我不知如何是好的时候，有人进来充话费。肇四就说："你看我正忙着呢，等你晚上放了学来拿吧。"

我应着，离开了肇四的店。我还要赶着回家去帮奶奶做饭呢。

晚上放了学，我准备去肇四店里拿手机的时候，想到中午他看我的眼神，心里有些怯，觉得他跟别人不一样，可又说不清他到底哪里不对。路过他家门口，我低头匆忙走了过去。

七

晚上吃饭的时候，爷爷问手机修好了没有，说让我吃完饭过去看看。

这部旧手机，是爸爸买回来的。隔些日子，爸妈就会打电话回来，问问爷爷奶奶的身体，问问我和弟弟的学习。虽然每次都是同样的内容，可爷爷奶奶却整天盼着手机铃声响起的那一刻。他们平时非常省电，天完全黑透了，家里才开灯。但对于手机充电，却从不心疼。

他们时常检查电量够不够,总怕爸妈打电话过来的时候,手机没电。

我知道,自从手机坏了,爷爷奶奶心里一直不安。他们念叨着,怕爸妈打不进电话来着急,怕他们有什么急事。

我低声说:"我还要写作业,明天去拿吧。"我又说:"说不定还没修好呢,现在去了也是白去。"

爷爷说:"我要是腿脚好使,才懒得支使你呢!不就那么几步路嘛,能误你写多少作业?去看一眼,没修好接着回来。"

奶奶也催我去看看。

如果我不去,他们肯定要叨叨一晚上。想到肇四看我的眼神,我实在不愿意去。

如果心兰在家的话,找她跟我一起去,她一定肯的。可是,心兰走了,没有谁能跟我一起去。想来想去,只有弟弟能帮忙。

我哄着弟弟跟我去看手机。开始他不愿意去,我就骗他说,等回来,我帮他把作业做完,周末的时候,我带他到镇上的游戏厅去玩游戏。

一听说能玩游戏,弟弟很痛快地就答应了。

八

走进肇四店里的时候,我紧紧拉着弟弟的手,怕一不留神,他就跑了。我知道,弟弟是个在哪都坐不住的孩子,整天就知道到处疯跑。

店里就肇四一个人,我没有看他,只问手机修好了没有。肇四说，还有点小问题，让我等一下，他马上就修好。

这时，街上有人喊弟弟的名字，好像是他同学。我一下没抓牢，弟弟跑了出去。

正当我犹豫着要不要离开的时候，肇四突然一下抓住了我的胳膊，小店的门，也被他顺手锁上了。肇四一只手捂住我的嘴，把我拖到了柜台后边的小屋子里。

我拼命挣扎，还是被肇四重重地摔在了那张被子和床单揉成一团的脏乎乎的床上。

小屋的门，也被肇四随手关上了。

缩在床上，我抖成一团。我知道，即使喊叫，别人也听不到。这个小屋子，离大街还隔着两道门呢。再说我也不敢喊叫，肇四的眼神像刀子一样盯着我，我怕他会把我杀了。

我跪在床上，哭着求肇四放过我，我喊他叔，我说我还小。我还说，我不会告诉别人的，只要他放了我。

我的哀求，换来的是肇四的拳打脚踢。我嘴角上的血滴下来，头发也被肇四扯掉了一绺。肇四抓住我的头发，一下下往他家墙上撞。

我觉得，我就要死了，我无法活着离开这间小黑屋子了。

肇四把我的衣服一件件扯掉，丢到了地上。

九

离开那间小黑屋子的时候，天已经完全黑透了。

肇四让我看了他手机上的一段录像，那个赤裸着的女孩，是我。

肇四说:"往后你只要听话,我不会亏待你的。可你要是不听话,我把这个小电影发到你爸爸的手机上,看他不打死你才怪呢!不想让你的同学和老师看到这个小电影,往后就乖乖地听我的话!"

我的衣服被肇四撕破了,脸又红又肿。临进家门的时候,我抹净了脸上的泪。回到家,爷爷奶奶和弟弟,竟然没有一个人看出来我与出门时的不同。

当时,如果有一个人问我,哪怕是一句话,也许,我就会把刚刚发生的一切告诉他们。

可是,没有。

我把拿回来的手机放在进门的矮桌上,就回了我睡觉的小屋。钻进被子里,把头牢牢蒙住,我怕家里人听到我的哭声。

那一夜,我哭了一夜,也想了一夜。

我曾想到要去告肇四,可想来想去又不敢,怕他真的杀了我全家。我也曾想到去死,死了,这一切,就没有人知道了。我觉得自己活着真是没有啥意思。可是,我死了,奶奶爷爷怎么办,谁来照顾弟弟?

直到天亮,我也没想出应该怎么办。

十

到了学校,老师和同学也都没有问我脸上的伤和红肿的眼睛。

上学放学的时候,我绕到村子后边,避开肇四的店。偶尔远远看到那个店,我的心就忍不住紧缩起来,浑身上下止不住地抖个不停。

可是，肇四并没有轻易放过我。有那段手机录像在，我成了他手心里的蚂蚱，再怎么蹦，又能蹦出去多远！

在我想不到的某个地方，肇四会突然出现在我面前，拦住我的去路。有一回，肇四拦我的地方离我家很近，我猛地推开他，一气儿跑回了家。可第二天，他竟然跑到了学校门口。我害怕了，怕同学和老师知道。心缩成一团，浑身上下抖得筛糠一样，我跟在肇四身后，一步步朝他店里走。对面驶来一辆摩托车，我悄悄挪到了路中间。我想，摩托车能把我撞倒就好了。那样，我就不用跟肇四到他的店里去了。可是，摩托车在离我一步远的地方猛地刹住了，我没有被撞到。

十一

我知道自己怀孕的时候，已经有六个多月了。我没有把这事告诉任何人，包括肇四。

我爬到村头的一截矮墙上，一次次往下跳；跑到大堤上，从十几米的堤坡上滚下去；用拳头对着自己的肚子拼命击打；一碗碗地喝肥皂水，喝完了吐，吐完了接着喝……我想尽了办法，可肚子里的那个孩子，却一直在里边。

家里人没有发现我的变化，学校的同学和老师也没人说什么。他们可能以为我是长胖了吧。直到我把那个孩子生了下来，也还是没有人知道这件事。

肇四也许知道，但他没问我。孩子出生的前一个多月，肇四的店突然关了门，他人也不见了。村里的人也不知道他去了哪里。有人说他是去县城找他老婆了，在那里找了个工作。也有人说他是欠了别人的钱，还不了，跑了。

我整天生活在恐惧中，既盼着肚子里的孩子能快点出来，又怕孩子真的出来。

对那个即将出生的孩子，我不知道应该怎么办。

十二

该来的，还是来了。那天夜里，我刚睡下不久，肚子突然就疼起来。我没想到是孩子要出生，只当是晚饭吃坏了肚子。

我起床，捂着肚子，一步步挪到院子里的厕所旁，肚子疼得更厉害了。我跪在地上，双手捂着肚子，只觉得里边像有把刀子在来来回回地割着我的肉。我在厕所旁边的地上滚着。我想我可能得了啥急症，就要死了。我想喊爷爷奶奶他们过来，我用手扶着地，抬起头，刚想喊叫，突然觉得下身一阵湿热。我愣了一下，闭上了嘴巴。

一阵剧烈的疼痛袭来，我的十指深深地抓进了泥地里。

哇的一声哭喊，把我惊醒。不能让爷爷奶奶他们听到，我脱下上衣，把她裹起来，抱着朝大门外跑去。

我不知道该怎样处置这个小生命，怀抱里的这个小东西，就像一颗炸弹，让我惊恐万分。

跑到屋后，突然想起不远处有口枯井，我朝那口井跑了过去。

十三

回到家，我强忍着疼痛，把厕所旁边地上的血用铁锨铲掉，丢进了厕所里。

干完了，天还没亮。

回到屋里，我看见爷爷奶奶和弟弟还都在睡。爷爷奶奶年纪大了，耳朵有点不好使。弟弟还小，睡着了喊都喊不醒的。我几乎一夜没在屋里，没有一个人知道。

我回到自己的小屋，一头倒在床上，感觉到从没有过的累和困，我迷迷糊糊睡了过去。

早晨奶奶来喊我起床，我眼睛也没睁，只说"困"，接着便又睡了过去。

奶奶好像又来喊过我两次，问我吃不吃饭。我对奶奶摇摇手，马上又睡得死过去一样。

直到外边尖厉的警笛声传来的时候，我才慢慢地睁开眼睛。我盯着房顶愣了好一会，听到有人走进了院子，好几个人在大声说话。昨夜的一幕，才突然梦一样飘过来，定格在了眼前。

我猛地从床上坐了起来。

昨晚的一切，是真的吗？低头看到身下褥子上血红的一片，再摸摸自己的肚子，我终于相信，昨天晚上的一切，确实不是梦。

十四

警察阿姨告诉我，那个孩子死了。她问我后不后悔。我没有说话，我不知道应该怎样回答。

我肚子里的那个孩子，终于出来了。可是，这一切，还是被人知道了，连警察都知道了。

我没想到会这样。

我只想到肇四已经不在村里了，往后没有人会欺负我了，把肚子里的孩子生下来后，我就可以是从前的我了。可是，没想到，最后竟然会是这样。

庭后絮语：

黎巧儿的爸爸妈妈作为监护人，参加了庭审。

黎巧儿的爸爸，那个还不到四十岁、头发就差不多全白了的男人，始终低着头，眼睛不看任何人。

黎巧儿的妈妈，一个被痛苦和屈辱折磨得面目全非的女人，此时终于醒悟过来。她说一直以为孩子由爷爷奶奶照管着，不缺吃不缺穿，爷爷奶奶都很疼她，就够了。其实，事情完全不是这样。

黎巧儿的妈妈终于明白，作为一位母亲应该担负的责任是爱——无可替代的母爱。

在法庭上，黎巧儿始终很平静，她没有哭闹，也看不出有任何情绪的波动。庭后的对话中，她就像是在讲别人的故事。

也许，黎巧儿的眼泪，早已流干了。虽然，她还不到16岁。

正如黎巧儿的妈妈所说，巧儿是个可怜的孩子，是个受害者。确实，黎巧儿受到了太大的伤害，被胁迫，被污辱，被恐吓，被殴打。她独自承受着这个年纪本不该承受的一切，连死的权利，也不属于她自己。年迈的爷爷奶奶、幼小的弟弟，都需要她的照顾。

  黎巧儿是一个从小缺少爱的女孩，这就造成了她对生命缺少敬畏。在生下孩子后，她把孩子扔进枯井中，致使那个幼小的生命还来不及看一眼阳光，就匆忙离开了人世。

  令人感到欣慰的是，案发后，肇四很快被公安机关抓捕归案，等待着他的，将是法律的严惩。但这一切，似乎来得晚了些。如果，黎巧儿在被侵害时，能及时报案；如果，黎巧儿的家人、学校的老师和同学能及时发现黎巧儿精神上及身体上的异常，及时地对其进行疏导和帮助，那么，这场悲剧，也许就不会发生。

  珍爱自己，珍惜生命。希望像黎巧儿这样的孩子，在遇到类似情况的时候，不要惧怕坏人的威胁，要勇敢地站出来。相信任何时候，都是邪不压正。

  案发时，黎巧儿已满14周岁，应当对其故意杀人行为承担刑事责任，但鉴于其系未成年且系被强奸生子等情节，本着"教育为主、惩罚为辅"的原则，依据《中华人民共和国刑法》第二百三十二条之规定，判处其有期徒刑三年，缓刑五年。

艾丝丽档案：

　　艾丝丽，女。身高1.63米，体形偏瘦，肤色白净，戴淡红色边框近视眼镜，天蓝色T恤，蓝色牛仔裤，红色运动鞋。案发时，艾丝丽16岁零3个月，高一在读。

代　价

关键词：
　　网恋　被骗　投毒　致残
案件回放：
　　高一女生艾丝丽与网友"我是你的优乐美"网聊了一段时间后，"我是你的优乐美"要求见面。艾丝丽稍稍犹豫了一下，就答应了。

　　见面后，尽管艾丝丽觉得"我是你的优乐美"与之前自己的想象差别很大，有点失望，但经不住"我是你的优乐美"的哄骗，艾丝丽与其发生了关系。

　　艾丝丽很后悔。但"我是你的优乐美"的花言巧语和"爱情"攻势，使艾丝丽再一次相信了他。艾丝丽陶醉在"我是你的优乐美"的"真爱"中，渐渐无法自拔。几次成功骗色后，"我是你的优乐美"胃口不断增大，他开始以种种借口跟艾丝丽借钱。

被骗了将近一万块钱后，艾丝丽终于醒悟，她看清了"我是你的优乐美"的真实面目。艾丝丽又气又恨，她觉得不能就这么白白地便宜这个骗子。她要报复他，让他知道，骗女孩是要付出代价的。她给"我是你的优乐美"发短信，把他骗到他们经常一起去的那个宾馆里。艾丝丽在"我是你的优乐美"喝的酒里放了毒鼠强。毫无防备的"我是你的优乐美"喝下酒后，当即倒地。

艾丝丽跑出了房间。

经抢救，"我是你的优乐美"保住了性命，但其已失语且生活无法自理。

艾丝丽以故意杀人罪，被起诉。

一

"我是你的优乐美"加我好友的时候，是刚放寒假的第二天。那天，爸妈去上班，中午都没回家，家里就我一个人。

对爸爸来说，不回家吃饭，是再正常不过的事了。爸爸是我们县一个局的副局长，虽然不是一把手，但爸爸总是很忙，总有吃不完的饭，忙不完的应酬。我上幼儿园的时候，常常能接连几天都见不到爸爸的面。爸爸晚上应酬回来的时候都十一二点了，我早就睡了。早晨幼儿园上课比较晚，等我醒来的时候，爸爸已经去上班了。那时候，我常常迷迷糊糊地以为，几天见不到爸爸，是因为爸爸出差了。

妈妈在我们县医院的后勤部工作。虽然医院里上下班制度很严格,但管不到妈妈。因为妈妈工作的后勤部在一个单独的小院子里,所以她上班不用签到签离。为了让妈妈能有时间管家、管我,爸爸找了县医院的领导,把妈妈从一线调到了后勤部。听说当时,院里正准备让妈妈当护士长。妈妈调到后勤部后,爸爸每年都会请妈妈的同事吃几次饭,请他们关照妈妈。这样,妈妈上班晚到早离的时候,同事都会帮她照应一下。

从小,我的生活起居,包括学习,几乎都是妈妈一个人管。为了我,妈妈几乎不在外面吃饭。她每天都在家和医院这两点一线上奔忙。妈妈是个很细心的人,她拿出管病人的方法来管我,时间长了,我也烦。我知道妈妈很累,也知道妈妈是真心疼我、爱我,但有时还是忍不住要跟她闹别扭,跟她对着干。看到妈妈伤心难过的样子,我心里也难受。但遇到意见不一致的时候,我还是忍不住要顶撞她。

几乎每个周末,爸爸都会有这样那样的聚会、应酬。那个周末,也不例外。妈妈单位老护士长的儿子结婚,请妈妈去陪儿媳的妈妈。老护士长跟妈妈一起工作多年,对这样的事,妈妈无法推托。

二

早晨妈妈早早起床,她先做好早饭,然后又做好了我的午饭,放在冰箱里。临出门前,妈妈留了纸条,让我中午的时候把饭菜放在微波炉里热一下吃。

我起床的时候，快 11 点了。吃了早饭，我开始上网。

妈妈一直不允许我上网聊天，说网络多么危险，说上网会误了学习，等等。当时我很不服气，觉得妈妈太小题大做了，好像网上全是虎狼，全都盯着她女儿，想一口吃掉似的。背着妈妈，我注册 QQ 已经一年多了。

虽然寒假作业不少，但刚放了假，总不能立马开始写作业吧。我想先玩几天，等快开学的时候，再突击把作业写完。反正爸妈也不在家，我在家里写不写作业，他们也不会知道。

以前没有网络的时候，我喜欢看电视，现在，我懒得看电视，直接就上网。

登录 QQ，看到"我是你的优乐美"请求加好友，开始我以为是同学，就点了添加。

聊了不长时间，我就被他幽默风趣的谈吐吸引了。他说他今年 26 岁，是山东大学研二的学生。

我才刚上高中呢，人家都研二了，还是山东大学。我心中不免又多了一层崇拜。

我们越聊越顺畅，越聊越热乎。直到爸爸带着与他一起喝酒的那帮朋友来家里打扑克，我才不得不下了线。那一刻，心里竟生出一种依依惜别的感觉。

三

我手机没电了。晚饭后，趁妈妈在卫生间洗衣服，爸爸在客厅看电视，我想打开电脑，看看"我是你的优乐美"在不在线。

刚打开 QQ，妈妈突然走了进来。妈妈怕我贪玩，就把电脑装在了她和爸爸的卧室里。

看到我开电脑，妈妈脸上立刻有些不悦。

"又想着玩，今天做了多少作业呀？"

我一听是问作业的事，心里也有些不高兴。我心想，刚放假，就整天作业呀，学习呀，就不能让我玩两天！

我头也没抬地说："今天是星期天，你就不能让我歇一天！"

"就想着玩。高一，很关键呀！不努力，三年马上就过去，等到考大学的时候，就晚了。"妈妈说着，伸手就要关电脑。

我一下急了，QQ刚打开，我还啥都没看呢。我站起身，挥手把妈妈伸过来的手挡了回去。

妈妈见我这样，有些生气。我和妈妈就你一言我一语地吵了起来。

我跟妈妈发生冲突的时候，爸爸一般都不在家。妈妈总觉得我是小孩子，凡事都操心，都要管一管。我觉得自己是个大孩子了，还这样被妈妈管着，心里就不痛快。

有时爸爸正好在家，我就特别盼望着爸爸能跟我或跟妈妈说点什么，可是，没有。在我跟妈妈争论的时候，爸爸就像没听到一样，只顾一个人对着电视看，好像电视里的人和事，比我和妈妈更重要。大多数时候，他不说一句话；有时他见我和妈妈争论起来没完没了，就冲我和妈妈吼："吵什么吵，你们还有完没完呀？忙了一天，下班回来也不让人清静清静！"我和妈妈听到爸爸吼，也就不再争论。没有争论完的那件事，却一直在心里堵着。

那个时候，我心里特别委屈，就想找个没人的地方痛痛快快地哭一场。

四

妈妈和爸爸也经常吵架。

妈妈怪爸爸不管我，不顾家。爸爸则怪妈妈不理解他，怪妈妈唠叨。

爸爸脾气很大，而妈妈性格很软弱。每每爸爸喝多了酒，回家冲妈妈耍酒疯，妈妈只是偷偷地哭。他们吵架的时候，爸爸声音也特别大。吵过后，看到妈妈真生气伤心了，爸爸又会说好话哄妈妈。妈妈是个心软的人，每次，爸爸都能很顺利地把妈妈哄好。

也许就是因为妈妈心太软，所以爸爸总是我行我素，凡事都不顾及妈妈的感受。

其实在我看来，爸爸是配不上妈妈的，无论哪一点，都配不上。

因为妈妈经常唠叨我，而爸爸总是不太管我，所以我跟妈妈经常会有冲突，但跟爸爸的冲突却很少。

偶尔爸爸真生气了，或者喝了酒，大多是后者，他就对我拍桌子，甚至会摔东西。如果依此判断爸爸不爱我和妈妈也是不对的，爸爸对我们的那种爱很特别。他会给我买我喜欢的东西，即使再贵，他眼睛也不眨一下。他觉得这就是对我最好的爱。

这次也不例外。在客厅里看电视的爸爸，就像没听到卧室里的争论一样，照常在看他的电视。

心里一下烦得要命，扔掉手里的鼠标，我冲出爸妈的卧室，跑进自己的卧室。锁上门，趴在床上，我大哭起来。

五

那一夜，我边哭边跟"我是你的优乐美"聊天，差不多一夜没睡。他变着花样开导我、安慰我。天快亮的时候，他告诉我，上午九点，他要去参加一个很重要的考试。

为了陪我，他连考试前的一夜都没好好睡。我说对不起，不知道你要考试。他发了个笑脸过来说，傻丫头，这次考不好还有下次，我可不忍心让你一个人难过。

见他这样说，我心里一下热乎乎的，眼泪都出来了。

我感动得不行，自责得不行，也更认定了他对我的好。临下线的时候，他发过来一个拥抱，我稍一犹豫，也发了一个同样的拥抱给他。

他说考试要两天的时间。考完后，他马上就过来找我。

我应着，却一下感觉，两天的时间，太漫长了。

六

接下来的两天，虽然知道他在考试，不会上线，但我还是忍不住隔一会就上一次QQ，看他是否在线，有没有给我留言。同学看到我上线，想跟我聊，我怕跟同学聊起来，会错过看到他上线。跟同学应付几句，借口写作业，我就匆忙下线了。

那两天，我知道了什么是等待，什么是煎熬。在客厅吃饭的时候,吃上几口,我就忍不住跑到卧室,看手机上有没有他的消息。去洗手间的时候,怕错过他,我也是悄悄把手机带在身边。妈妈一直是不允许我带手机进洗手间的。

接下来的两个晚上,我天天把手机藏在枕头下。怕被妈妈发现,我把所有提示音都调成了静音;又怕错过"我是你的优乐美"发来的信息,我隔一会就拿出手机看一下。特别是第二个晚上,我觉得他的考试应该结束了,他一定会联系我的。可是,没有。

我发了好多条信息给他,却没有得到任何回复。难道是他出了什么意外?难道是因为那天晚上跟我聊天太晚,他没考好,生气了?难道是他不想理我了……各种不好的猜测,在脑海里不停地翻来覆去。

直到第三天的晚上,"我是你的优乐美"才重新上线。在那个头像由灰色变成彩色的一瞬间,我用颤抖的手,发送了三天后的另一个拥抱。那一刻,我竟然哭了。

七

一周后,跟"我是你的优乐美"聊得有点难舍难分了,他提出来见面。开始,我有些犹豫,但后来想想,觉得他是个好人,又是山东大学的研究生,见个面,也没什么。

可是,他在省城,我在县城,怎么见呢?"我是你的优乐美"跟我说:"你就跟爸妈说,到城里来找同学玩好了。等你到了这里,吃住都不用管。到时我到车站去接你。"

想来想去，也只有这样了。多亏班里正好有个家在省城的同学，我就跟妈妈撒了个谎，说同学邀我去她家玩，去看元宵灯展。

我说的那个同学，妈妈是认识的，她来过我们家。一贯细致的妈妈，这回没有多问，就同意了。

我没想到妈妈同意得那么痛快。之前准备好的这样那样的理由都没能用上。

妈妈想让爸爸开车送我去，怕我去了找不到同学。我跟她说同学会到车站接我，到了城里，我立即就给她打电话。可能是因为我以前没撒过谎，妈妈相信了我的话。妈妈拿了500块钱给我，她千叮咛万嘱咐，要我一定注意安全。她亲自送我到车站，直到我乘坐的那辆车开动了，妈妈才离开。

想想就要见到"我是你的优乐美"了，心怦怦地狂跳着。各种各样的情绪交织在一起，我说不出是什么滋味。

八

车到站后，我在候车大厅找了一圈，也没看到"我是你的优乐美"的影子。正当我不知如何是好的时候，"我是你的优乐美"打来了电话。他说本来是开车过来接我的，因为心急，他的车与别人的车发生了一点剐擦，他正在处理，一时无法走开。他说了一个宾馆的名字，让我打车过去。他说他一会就到。说完，他就挂了电话。

我打车到了宾馆，刚登记完，"我是你的优乐美"的电话又打过来了，他说正在往这边赶的路上。他问了我房间号后,又把电话挂了。

刚进房间不一会,房门就被敲响了。没想到他来得这么快。

打开房门,门口站着的是一个看上去有三十多岁、稍有点胖的男人。开始,我以为他是敲错了门,但那个男人马上叫出了我的名字,他说:"我是你的优乐美呀!"说着,他向我张开了双臂。

我愣了一下,躲开了。

虽然在网络上,我已经与那个名字叫"我是你的优乐美"的男人有过无数次的"拥抱",但是,面前的这个男人,明明就是一位大叔嘛。难道,他真的就是那个让我心潮澎湃、日思夜想的在山东大学读研二的帅哥哥吗?

眼前的这个人,与我想象中的那个人,相距太遥远了!

九

对于这次见面,我有些后悔了,但又不好意思马上走。我想跟他聊一小会,然后找个机会离开。

但一聊起来,离开的机会就找不到了。

"我是你的优乐美"不停地说着他对我的喜欢,说着他的相思,说着我的可爱。他还给我带来了礼物,是一条透明珠子做成的项链,他说是水晶的。我不会看,不知道是什么材质。

他不停地说,说到最后,我被他彻底说晕了,竟然连说声走的勇气都没有了。

他对我那么好,他那么喜欢我,我怎么能因为他长得有点显老，就离开呢。

他说要帮我把项链戴上，看好不好看。说着，他拿起那条项链，双手从我身后绕了过去。他一下搂住了我。我拼命挣扎，但最后，我的衣服还是被他一件件脱掉了。

十

事后，我越想越后悔，越想越害怕，真恨不得打自己几个耳光。若是同学和老师知道了，我以后怎么做人呀！若是妈妈知道了，她还不得气死呀！我哭着穿上衣服，拿起包就要走。这时，"我是你的优乐美"双手搂住我的腿，扑通一声跪在了我面前。他一边骂自己，一边打自己的脸，他说他对不起我，他说都是因为太喜欢我了，才那样的。他说我无论咋处置他都行，就是千万别离开他。他说他真的特别爱我，如果失去了我，他也不想活了。

看着面前痛哭流涕的"我是你的优乐美"，我的心软下来。也许，他真的是因为太爱我了，所以才那样的吧。

见我不再往门外挣，"我是你的优乐美"可能意识到了什么，他抬起头，拿起我的手，往他脸上打。

我甩开他的手，重新坐在了床上。

十一

从省城回到家后，妈妈没有发现什么异样。我的心，才稍稍放下了。

我暗自发誓，再也不跟那个人聊天了，我要把他从我的QQ好友里删掉。可当真要删掉的时候，我又有点犹豫了。我想，不用删除，以后不再跟他聊就是了。

心里是这么想，但每天看到他发来的各种问候各种自责各种誓言各种甜言蜜语，我从几天回复一句到每天回复一句，到了最后，我把自己的誓言都忘到脑后了。

后来，他也来县城找过我几次。

第一次来，他说因为走得太匆忙，忘记带身份证和钱包了，本来要回去拿的，怕我等急了，就用身上仅有的100块钱买了票赶过来。吃、住、回去的车票自然是我掏钱。

第二次来之前，他说要开车过来，带我去兜风。见面后，他说因为违章，车被扣了，要缴了罚款才能把车取出来，他身上的钱不够。我借给他500块钱。

第三次来之前，他说要帮我报个补习班，保证高考能考上山东大学。见面后，他说这种补习班很贵，他找熟人帮忙，人家给打了个五折。他一个学生，一下也拿不出那么多钱来。他说帮我出一半，我自己出一半就行。他说自己正在帮导师做课题，等拿到钱，就还给我。

那些日子，我变着法地跟爸爸妈妈要钱。连我攒下的五千多块的压岁钱，也全都拿给了他。

十二

本来报补习班的钱，我是可以找爸妈要的，但因为这个补习班是他帮我报的，我怕爸妈问起来不好说，就没跟他们要钱。

前前后后，他跟我借了差不多一万块钱，却一次也没有还过。开始时我不好意思跟他要，后来，我实在没钱了，借同学的钱也不能不还。可他总是以这样那样的理由推托，就是不还我钱。

可能是看我再也拿不出钱来了吧，渐渐地，他的那些甜言蜜语变少了。

一天，当我突然意识到这点的时候，我问了他，没想到他一下就承认了。他还说，你以为你是谁呀，也不照照镜子，你真的美如天仙吗？你以为我会真的喜欢你？

我一下气蒙了。我付出了那么多，原来，他从一开始就是在骗我呀！不能再让他骗别的像我一样的女孩子了，要让他从今往后记住，随便欺负女孩子，是要付出代价的！我要让他付出代价。

我想了好几天，又准备了好几天，然后去了省城，去了那个第一次跟他见面的宾馆。只发了一条短信，他就去了。

喝下那杯酒不一会，他便一头栽在了地上。

十三

出了这件事后，公安局、检察院、法院的叔叔阿姨们跟我聊了很多，我知道自己错了。我不该不听妈妈的话，偷偷上网跟陌生人聊天；不该跟妈妈撒谎，去见陌生网友；发现被骗后，更不该不跟任何人讲，就自己想办法去报复。

现在想想，家长不允许孩子在网上随便跟陌生人聊天，是对的。有时我们以为自己啥都懂得，其实并不是。我们的心智还不完全成熟，辨别能力差，很容易上当受骗。网络上的人和事，真的是很复杂。再就是上网容易上瘾，我们这个年纪的孩子，自制力比较差，也常常会因为网瘾而耽误了学习。不过我觉得家长一味地禁止也是不对的，就像叔叔阿姨们说的那样：堵，不如疏。

其实，网络也并不是什么洪水猛兽。用好了，它可以让我们学习到许多老师和家长都无法给予的东西。

我想以我自己的亲身经历，劝告那些网聊的同学们，在选择聊天对象时，一定要慎重。要选择同学、老师和能够给予自己帮助的人；不管是怎样的聊天对象，一定要有节制。毕竟，我们的主业是学习，我们的身份是学生。这一点，一定要时刻记着，啥时都不能忘记。

我想对那些还在网聊梦中寻找所谓"真爱"的小姐妹们说：赶快醒醒吧！

庭后絮语：

在这个案件中，艾丝丽的父亲，在其成长的关键时期，其实是缺失责任的。从某种意义来说，艾丝丽是缺少爱的。虽然，她的父母都生活在她身边，但父爱的严重缺失，使她更渴望得到爱。在遇到那个骗子后，她幻想那就是爱。所以一步步地，她逐渐迷失了自己。艾丝丽的妈妈虽然在生活上对其照顾得无微不至，但她没有真正走进女儿的内心。

艾丝丽的父母，没有及时地发现她的问题并给予正确的指导，致使其严重偏离了人生方向。

而艾丝丽本人，在遇到问题的时候，不是求助老师、同学、家长和司法机关，而是自以为是地去报复，结果再一次害了自己。

以前曾看过一句话，是说网聊的：对面是一条狗，只要会打字，你也会以为是一位帅哥。

确实，对许多涉世未深的小女孩来说，网络骗子随便一句话，都有可能打动她的心，甚至让其有为他生为他死的念头。其实，网络对面的那个人到底是怎样的，你可能一点都不清楚。许多骗子，正是利用了小女孩的情窦初开与年少无知，很轻易地就把她们骗到了手。等到女孩醒悟的时候，一切都晚了。她们被骗财、骗色，有的甚至失去了生命。

她们也许从未认真想想，真正年轻有为、事业有成的男士，哪个会有时间整天泡在网上聊天？

退一步说，他确实真的如自己所描述的那样优秀，那他凭什么会对你一个未曾谋面的陌生女孩，百般柔情，千般呵护，万般甜言蜜语？他的所谓感情，真的是可信的吗？他对你如此，对别的女性呢？

他对你说过的让你心动、使你向往的那些所谓的"爱"，可能前一秒才与另一位女网友说过。他不过是稍稍动了动手指，移了下鼠标，给你一份复制粘贴罢了。

经公安机关查证，"我是你的优乐美"姓原，36岁，初中学历，无业，两次离异，一个14岁的儿子和一个9岁的女儿均随两任前妻生活。原某以网络聊天骗财骗色为生。经公安机关技术恢复原某的聊天记录，发现他在同一时间段内，同时与几名甚至数十名女性网友保持亲密聊天。经证实，原某有6部手机，用来与不同的女性网友联络。被骗的女性有两大群体，一是单纯的女学生，二是离异单身的中年女性。

在原某的QQ里，民警发现了好几个群，除"无知少女"群和"离异少妇"群外，还有一个"杀你没商量"群，群主就是原某。在这个群里，他们交流的只有一个话题，那就是如何在骗色的同时能骗到更多的财。他们在群里，相互炫耀自己的"猎物"和"收成"，并按骗得的财色多少排了序。

在对艾丝丽的采访过程中，她说得最多的一句话就是："当时就是想报复他一下，想让他记住，随便欺负女孩子，骗女孩子，是要付出代价的。"

欺骗了艾丝丽的"我是你的优乐美"确实得到了很重的惩罚,这一生,他再也没机会骗人了。

但是,艾丝丽自己付出的代价,不也一样是非常惨重吗!

案发时,艾丝丽已年满16周岁,为完全刑事责任能力人。其投放毒药毒鼠强的行为,构成故意杀人罪,因案发时其系未成年人,到案后如实供述自己的犯罪行为,其近亲属代为积极赔偿被害人的损失,综合考虑上述情形,法院最终判处艾丝丽有期徒刑七年。

涂苍海档案：

涂苍海，男。身高1.68米，皮肤较黑，偏瘦。在校学习成绩优秀，曾获得过全县数学竞赛第一名，作文曾获得县文联优秀文学奖。案发时，涂苍海15岁零3个月，为某中学初三年级学生。

忍无可忍之后

关键词：

不堪被打　杀父

案件回放：

因不满酒鬼父亲的打骂，涂苍海心里一直对父亲怀有怨恨。父亲醉酒后，不仅打他，也打他母亲。看到母亲被父亲打骂时躲到一边独自流泪，涂苍海心里的痛，就渐渐变成了恨。

在父亲又一次痛打了他们母子后，他和母亲合伙杀死了父亲。

一

从上幼儿园开始,我就喜欢学习。我愿意上学,愿意考试。每次发试卷,老师都会表扬我。那时,我心里就特别高兴。

我也有不会做的题,这种时候,我就自己琢磨。自己能想办法解开的题,我不愿去问老师。问老师,一会就知道结果了,没意思。自己想出来的答案,看着才更高兴。

老师夸我是个爱钻研的好学生。其实,我就是喜欢自己把难题解决掉的感觉,就像在一个伸手不见五指的很大很大的黑屋子里,你找呀找呀,突然,你一下就看到了出口。那种感觉,真是好极了。我解出难题的时候,就是这种感觉。

每天,我差不多是全班第一个到学校的,也是最后一个离开学校的。跟家里比起来,我更喜欢学校。

二

妈妈在离家不远的那个叫家乐佳的超市上班。妈妈在那里做收银员,已经有十几年了。听说,在那个超市里,除了老板外,再没有一个人在那里待这么久了。

爸爸开始的时候是一家企业的业务员,他经常出差,到各地去联系业务,去要账。爸爸的朋友特别多,他一回到家,就有人联系他,不是出去喝酒,就是钓鱼或打麻将。

妈妈有时也不高兴,她嫌爸爸不关心我的学习,嫌他不帮忙做点家务。

爸爸有他的理由，他说："海海学习那么好，哪还用得着家长瞎操心？"又说："你看我出去这么多天，你以为在外头那么好过，累得要死要活。回家了，也不能轻松轻松！"

大多数时候，妈妈就不再说什么了。遇到妈妈心情不好的时候，她就会说："你累，谁不累呀！我又要上班又要忙家务，你以为我不累吗？"

"好好好，有啥家务活，明天我干。"

爸爸只是这样说，但到了他说的那个"明天"，家里的活还是要妈妈去做。

后来，妈妈知道她的话没啥作用，也就懒得再跟爸爸生气了。有啥活，她就自己干。

我们家住的是爸爸单位的平房，没有通煤气管道。连换煤气这样的活，也都是妈妈来做。

三

在我上小学二年级那年，爸爸突然出了事。听说他从外地要回来一笔账，那笔数目不小的钱，他既没有交给公司入账，也没有拿回家。背着公司和妈妈，他把那笔钱借给了一个朋友。

后来，公司知道了这事。爸爸想要回那笔钱，可他的那个朋友却找不到了。爸爸被公司辞退了。

从那以后，家里就再也没有了安宁。

爸爸三天两头地喝醉。爸爸醉酒后，不是吵就是骂，骂骗他钱跑掉了的朋友，骂他单位的领导，也骂妈妈，骂我。

开始的时候，妈妈知道爸爸心里难过，就不跟他计较。可渐渐地，爸爸对妈妈的吵骂不断升级。

有一回，爸爸喝多了酒，又开始骂，这回他不是不着边际地骂，而是指着妈妈的脸，恶狠狠地骂："你以为你自己长得好看就能卖钱呀！你以为你在外边背着我干啥事我不知道呀！"

这回妈妈真恼了。以往不爱吵闹的妈妈，跟爸爸大吵起来。她边哭边让爸爸说清楚，还破天荒地把家里沙发上的垫子扔到了爸爸身上。

沙发垫子是妈妈用旧毛线织的，不重，扔到爸爸身上，肯定打不疼他。爸爸却更加疯狂，借着酒劲，在接连摔碎了两只茶杯后，爸爸扬手打了妈妈两巴掌。

妈妈哭着跑回了乡下的姥姥家。

妈妈后来跟姑姑说："为了海海，我一直忍着。我忍受得了他不顾家、喝酒，可我无法忍受他对我人格的侮辱！"

四

爷爷奶奶把爸爸臭骂了一顿，让他到姥姥家把妈妈接回来。开始，爸爸不去。后来，爷爷奶奶和几个姑姑轮流到我家来找爸爸，爸爸终于答应去接妈妈回来。

其实，那天爸爸醒过酒来就后悔了。只是，他不好意思到姥姥家去找妈妈。

妈妈走了的那天晚上，醒过酒来的爸爸问我："海海，你说你妈妈她会原谅我吗？"

我看了他一眼，没有说话。我不知道应该说什么。其实我心里也很矛盾。我既希望妈妈能原谅爸爸，快点回家来,没有妈妈的家,我一分钟都不想待下去;我又希望妈妈不要原谅爸爸。本来都是爸爸的错,他却拿自己的错去折磨妈妈,还那么无耻地编妈妈的坏话。这样的人,你原谅他一次,他肯定会有第二次。

爸爸见我不说话,很生气。他恨恨地说:"连你个小崽子也瞧不起我!"说着,他把手上刚脱下的上衣狠狠地摔到了沙发上。

爸爸这次没打我。不知是不是因为刚打跑了妈妈，怕再打我，我也跑掉。

爸爸打开一瓶酒，一杯接一杯地喝起来。没有菜，连咸菜都没有。

见爸爸又喝酒，我忙跑进自己的房间，把门从里边锁上，又搬了把椅子，从里边顶住。我怕他喝醉了打我。

有一回我去奶奶家，晚上没回来。第二天回到家，看到我房间门上的玻璃没有了，门板上有好几个黑黑的脚印。后来我才知道，那天晚上爸爸喝醉了酒，妈妈怕爸爸又要跟她吵闹，就悄悄跑到我的房间，把门从里边锁上了。果然，爸爸在客厅骂了一会，见没人理他，就喊叫着，让妈妈出来。妈妈不敢开门，爸爸就把门上的玻璃砸碎，几脚把门踢开，抓住妈妈的头发，把妈妈从我房间里拖了出来。

我提心吊胆地听着门外的动静，我怕爸爸真的来踢门。

不知过了多长时间，我听到了爸爸的哭声。我悄悄开了一条门缝，看到爸爸蹲在地上，他边哭边用手打着自己的头。

五

小姑陪爸爸一起去叫妈妈回来。到了姥姥家，小姑先代爸爸跟姥姥姥爷认了错。又让爸爸跟妈妈认错，跟姥姥姥爷认错。之后，爸爸又当着众人的面，做了保证。他说往后再也不喝酒了，他要再拿酒杯，就剁掉手指头。

姥姥家里人对爸爸以往的行为很生气，这次本来是不想让妈妈回家的。但碍于小姑的面子,加上看到爸爸认错态度不错,就同意让妈妈回家。妈妈也不放心我,就跟他们回了县城的家。

爸爸有三个姐姐,小姑跟妈妈关系最好。她俩一见面,就有说不完的话。家里有什么事,妈妈也喜欢跟小姑商量。

回到县城的家,小姑让爸爸把那些保证又说了一遍,才离开。

小姑刚出门,爸爸就给妈妈跪下了,他边用手打着自己的脸,边骂自己不是人。他说以后一定要对妈妈好,对我好,对这个家好。他求妈妈不要跟他离婚。

妈妈哭了,她边哭边抓着爸爸的手,把他拉了起来。

六

爸爸说到做到,在那近半年的时间里,他不再出去喝酒,有酒友喊他,他就找个借口,推掉了。

爸爸找了份保安的工作,虽然工资不多,但有事做,他心情也比原来好了许多。

不再喝酒的爸爸有空会帮妈妈做家务,偶尔也给我做饭。有时,还会关心一下我的学习。

那半年,是家里最和谐也最像家的半年。

事情的转折是,爸爸以前的一个朋友因为开车撞人跑掉,被抓获后,进监狱待了两年。爸爸的这个朋友出来了,以前的那些酒友想给他接风。

爸爸有些犹豫,拿不定主意是去还是不去。妈妈觉得,爸爸已经差不多半年不喝酒了,去了,也就是凑凑场，肯定不会像从前那样喝了。

妈妈说："去吧，不去也不好。"

没想到，爸爸这一去，生活重新恢复到了半年前的样子。

七

醉酒的爸爸，先是到他工作的地方闹了一场，嫌单位让他上夜班，嫌每天工作时间太长。听说，他把单位领导的桌子拍得震山响。

单位领导一个电话，就让保卫科的人把爸爸拉出了大门。

爸爸往家走的时候，路过妈妈上班的超市，他走了进去。他硬要拖着正在上班的妈妈，跟他一起去找他单位领导评理。

妈妈看他喝成那样，还到她单位来闹，也很生气。妈妈强忍着，跟爸爸说自己正在上班，等下了班再跟他去。妈妈这样说，是想哄爸爸快点离开。妈妈推了爸爸两下，说让他回家睡觉。

爸爸嫌妈妈当着那么多人的面推他，就生气了。这回他没有打妈妈，而是一巴掌把妈妈跟前的收款机拍坏了，还顺手把桌上的一沓包装袋扔得四处飞扬。

爸爸被超市的保安叔叔半哄半拖地拽出了超市。保安叔叔扶着爸爸，送他回家。

我放了学跟同学一起往家走，快到小区门口的时候，遇到了他们。我本来想躲在同学身后，等他们过去了再回家。可超市的叔叔看到了我，他喊我过去帮他扶着爸爸。看到醉眼蒙眬满脸紫红浑身泥土的爸爸，我真恨不得找个地缝把自己藏起来。

回到家，爸爸没有打我，可不知为什么，我跑到自己屋里，关上门，哭了起来。

八

这次之后，爸爸又恢复了半年前的模样。他隔三岔五地出去喝酒，逢喝必醉，醉了就随便找个借口打妈妈，打我。

等到酒醒了，爸爸就又后悔了。他不停地跟妈妈说好话，给妈妈道歉，并保证以后再也不喝了。

可过不了几天，他又忍不住去喝。

醉酒后的爸爸，简直就是个魔鬼。别人的爸爸，都那么疼孩子，为什么我的爸爸却是这样的呢。

看到爸爸喝醉，我心里就烦得要命。即使他不打不骂，看到他胡言乱语的样子，我恨不得用个什么东西把他的嘴巴堵住。我就想，一个大男人，连这点事都管不住自己，你还能干点啥！

我从不跟别人说起爸爸，即使奶奶他们说起他，我也不搭腔。不知从啥时起，在家里，我也不再跟他说话。

爸爸不停地换工作。有时是嫌累，有时是说人家瞧不起他，有时又是嫌工资太低，他总是有各种各样的理由把工作辞掉。好像每份工作都不如意，又好像后边真会有一份什么好工作在等着他似的。爸爸还烤过羊肉串、摆摊卖过小百货、卖过烤地瓜，可不知道为什么，不管干啥，他从来都没有赚到过钱。

没了工作郁闷了,要喝酒。有了工作高兴了,也要喝酒。连阴天或者晴天,都成了他醉酒的理由。

九

妈妈跟小姑商量,想离婚。

"那回,我就不该让他去喝酒。"妈妈哭着,自责地说。

"不怪你。哪个男人不到酒场上去?他自己心里没数,这回你不让他去,下回他也会偷着去。他一个大男人,难不成你还整天看着他?"小姑又说,"我知道老四配不上你,可是你看海海都那么大了,你俩真离了,孩子学习能不受影响?"

我知道,妈妈之所以一直忍着,也是为了我。

我愿意妈妈离婚,那样,我和妈妈都不会再挨打。不用说妈妈,连我都一天也不愿再跟酒鬼爸爸在一起了。

可是,家里人都劝妈妈不要离,连姥姥姥爷也劝。

一次醉酒后,爸爸指着妈妈的鼻子说:"想把老子甩了?你想得美!下辈子吧!"

我想要不就不上学了,我出去打工,挣点钱,就把妈妈接出去,不再让她受这么多罪了。

可是,想到不能上学,我心里也很难过。我从小就喜欢上学。

那次,爸爸醉酒后回到家,又打了妈妈。

妈妈抱着我,哭着说:"海海,万一有一天,家里就剩你和你爸了,你就去奶奶家吧。你爸喝醉了酒,下手太重了。你这么瘦小,咋经得住他打!"

"妈,你别乱想,你走了,我咋办?"我隐约猜到了妈妈的意思,心里很害怕。我抱着妈妈,大声哭起来。

"等你考上高中,就去住校吧。大学报个远点的学校。再忍两年,你上了高中就好了。"妈妈把我搂得更紧,说,"这样的日子,啥时能熬到头啊!"

等我住校了,妈妈咋办?我在家,爸爸打妈妈的时候,我还能去拉他,能稍微替妈妈挡一挡。等我走了,爸爸再发酒疯的时候,谁来保护妈妈?

十

自从妈妈说了要离婚的事,爸爸变得更无赖。

以往只有在喝醉后他才回家吵骂,酒醒后,他会马上做出一副后悔的样子。但现在,他随时都会喝醉,随时都会吵骂。酒醒了,他也不再跟妈妈道歉。

家里没有片刻的安宁。

那天晚上,爸爸回到家,想喝水,拿起暖瓶一看,里边没水,他就骂起来,说妈妈要渴死他。他边骂边把暖瓶摔到了地上。

暖瓶的玻璃片碎了一地。

见妈妈在卧室里不出来,也不搭腔,爸爸更生气了。

以往爸爸喝醉酒的时候,妈妈有时出来劝,有时出来跟他吵。这回,妈妈就像没听见爸爸回家来一样,在卧室里一动不动。如果说以往妈妈对爸爸还存有丝毫幻想的话,我想,妈妈这回对爸爸是彻底绝望了。

可能,爸爸也感觉到了。

爸爸冲进卧室,拉住妈妈的胳膊,把她摔到了地上。

妈妈站起来，连看都没看爸爸一眼。

爸爸更生气了，他伸手抓住妈妈的头发，把妈妈的头使劲往衣柜上撞。

听到妈妈的尖叫声，我跑了过去。我用力去掰爸爸的手，可怎么也掰不开。一着急，我低头在爸爸手背上咬了一口。

爸爸大叫一声，松开了抓住妈妈头发的手。他转过身来，一把抓住我的衣领，像刚才对待妈妈一样，把我的头朝衣柜撞去。我觉得自己的头就要裂开了，鲜血顺着额角滴落下来。

妈妈看到爸爸打我，疯了一样扑过来，身体挡在了我和衣柜之间。我的头重重地撞在妈妈肚子上。

爸爸边打，边不停地骂，他骂妈妈跟他离婚，不拿他当人看；骂我瞧不起他，不拿他当老子。最后，他恶狠狠地说，不如都死掉算了，省得心烦！

十一

爸爸躺在客厅的地板上睡着了。每次打完我和妈妈，他都会呼呼大睡。

头疼得像要裂开一样，抬起手来拍了两下，我感觉脑袋像是一只熟过了头的西瓜，里边咣当乱响。我的脑袋，不会是被爸爸撞坏了吧。想想别的同学的爸爸，再看看我爸爸，我想哭，但咬牙忍住了。

哪次被他打我不哭呢，可哭又有啥用呢？

听着爸爸越来越响的呼噜声，我心中对他的恨，像涨潮的海水，一浪接一浪地涌上来。脑袋里像有一台飞

速运转的搅拌机，在不停地旋转着。过去的一幕幕，被打成了碎片，血淋淋地朝我甩过来。我试图把它们挡回去，可那血肉模糊的一团团，噼啪响着打在我的头上、脸上，我无力抗拒。

妈妈被爸爸追着，她跑进我房间，在里边锁上了门。爸爸一脚把门玻璃踢碎，进来抓住妈妈的头发，把她拖了出去……妈妈喝了农药，多亏那天我把作业忘在了家里，又回家来拿……不如都死掉算了，省得心烦……

迷迷糊糊中，我看到妈妈死了，躺在地上，浑身是血。爸爸跪在妈妈身旁，抹着眼泪。"都是你，害死了妈妈！"我指着爸爸说。爸爸抬头看着我说："海海，不是我，你妈是自己死的，她是自杀的。"

我一下惊醒，猛地从床上坐了起来，心咚咚咚狂跳不止，身上的汗不停地往下滚。

在这一切到来之前，要先让他死掉。我和妈妈就不会被他弄死了，妈妈也就不会自杀了。

我赤脚跳下床，目光在屋里飞快地扫了一圈。我看到了床边的一只哑铃，抓在手上，我奔了出去。

十二

妈妈听到声响跑出来的时候，爸爸已经不能动弹了。那只哑铃，很准确地砸在了他的头上。惊恐万分的妈妈，顺手抄起门边的一只拖把，朝爸爸头上砸了一下，然后快速把我拉到了她身后。

愣了片刻，我和妈妈像是突然明白过来到底发生了什么。

不知过了多久，妈妈的声音飘过来，像在梦里一样。妈妈说："海海，他……他是你爸呀！"说完，妈妈哭起来。

我也哭了。

妈妈替我抹着泪，说："海海，苦命的孩子，下辈子，千万别再投胎到这样的家里来受罪了。"妈妈抹去了自己脸上的泪，拿出一套衣服让我换上："海海，天快亮了，你出去躲躲吧，到奶奶家、姑姑家都行。到时，你就说夜里没在家，就妈妈和爸爸在家。"

我愣了一下，把妈妈拿衣服的手推开："妈，一人做事一人当。我哪都不去。"

不管妈妈怎么说，我都不走。妈妈急了，甩手给了我一巴掌。从小到大，这是妈妈第一次也是唯一一次打我。

抓住妈妈的手，我哭着说："妈，我哪都不去，我不能扔下你不管。"

十三

进来以后，我想了很多。我以前从没想过的事，在这里边都想了。

爸爸确实是个非常不负责任的人，酗酒、家暴，整天无所事事。可仔细想想，爸爸也有他的痛处，他也不是不想赚钱养家。如果他不想赚钱的话，就不会整天换工作了。

每次他打妈妈的时候，我都恨他。他不只是打，还骂，骂得很难听。可每次看到爸爸醒过酒来以后，点头哈腰地跟妈妈说好话的时候，我又觉得他很可怜。

也许，这些仇恨在心里积得太多太久了吧。

不管怎么说，他是我爸爸，平时我不应该对他不理不睬，更不应该做出这样极端的事来。现在想想，我竟然杀死了自己的父亲！那一刹那，我怎么竟然变成魔鬼了呢！我恨我自己！自从发生了那件事，我特别害怕晚上，闭上眼，就是爸爸血肉模糊的脸。他那么近地看着我，什么话也不说。我想请他原谅我，可是，我不知道如何跟爸爸说。爸爸被我杀死了，原谅的话，他已经不能说了。一夜又一夜，我就那么直直地瞪着眼睛，直到天亮。

本来，我是想帮妈妈解脱掉的，结果却害了她。事发后，妈妈也被关押进了看守所。我害了爸爸，也害了妈妈。

现在，我最不放心的是妈妈。妈妈的前半生，经历了太多不幸。我出去后，一定要好好工作，尽我所能，让妈妈的后半生不再有泪有痛。我会用我的行动，来赎我的罪。

庭后絮语：

涂苍海和他的妈妈，虽然也曾是受害者。但是，他们没有通过正当的渠道，保护自己，而是走上了这条害人害己的路。

任何人都无权随意剥夺别人的生命，哪怕这个人再十恶不赦。何况，他还是涂苍海的父亲。

案发后，涂苍海的爷爷奶奶和姑姑们联合众邻居给相关部门写信，要求对其母子免于刑事处罚。但法律是严肃的，他们的请求，没有获准。

案发时，涂苍海已满14周岁，对其故意杀人行为应当承担刑事责任。考虑到其系未成年人，到案后认罪悔罪态度较好，且获得了被害人近亲属的谅解，被害人亦有一定的过错，法院决定判处涂苍海有期徒刑九年。

尤美菁档案：

尤美菁，女，某大学大一学生。身高 1.68 米，体形微胖，五官端正。2014 年 11 月 17 日，因抢劫罪被起诉。案发时，尤美菁 17 岁零 11 个月。

为了"美丽"

关键词：

女大学生　整容　网聊　开房　抢劫

案件回放：

尤美菁是一名大一女生。一心想整容的她，为了筹钱，在微信和 QQ 上物色能帮助她的人。几次与网友正面接触，待其说明愿望皆无果后，她选择了抢劫。

在与网友濮阳聊到一定程度后，她答应了濮阳见面的要求。在宾馆客房内，尤美菁趁濮阳接电话之际，把事先准备好的安眠药放进了酒里。待濮阳昏睡过去，尤美菁将其包内的 3270 元现金及手机、手表等物品装入自己的包中，逃离了宾馆。

濮阳苏醒后报警，正在上课的尤美菁被抓获。经查证，尤美菁抢劫物品价值共计12385.7元。

检察机关以抢劫罪，对尤美菁提起公诉。

一

从小，我就知道自己长得不漂亮。

在我很小的时候，有好几次，我听爸爸跟妈妈说："人家都说女孩长相随爸爸，咱家菁菁为啥就没随我呢？"

那时候，爸爸妈妈可能没意识到我的存在，没想到我听到了他们的对话。也可能，他们觉得我还小，不懂得这话的意思。

听到爸爸这样说的时候，我就偷偷跑到另一间屋子里，关起门来照镜子。镜子里的那个女孩，鼻梁矮矮的，眼睛小小的，越看越像是妈妈的翻版。

照完镜子，我心里就很不高兴。是啊，我为啥不像爸爸呢。好多人都喊爸爸帅哥，有时我也这样喊，爸爸哈哈笑着，每次都是很高兴的样子。

二

爸妈都是老师，他们对我的学习非常重视。从小学开始，我的学习成绩一直是年级前五。四年级的时候，爸妈商量着让我跳一级。他们把手续都办好了，才告诉我。我不知道跳级好不好，可爸妈说好，我就觉得应该是好的。我一直是个听话的孩子，学校的老师、周围的邻居都这么说。

跳了一级后，我的成绩不如以前了。尽管爸妈有时间就辅导我，但我不像跳级之前那样喜欢学习、喜欢考试了。即使再努力，我连年级前二十也没进过。

爸妈看到我成绩下滑，非常着急。他们想尽了办法，可我的成绩就是上不去。我也想好好学习，想跟从前一样，成为别人家孩子的榜样。可是，却总是不能如愿。爸妈的焦虑，可能传染了我，我开始害怕考试，害怕老师发试卷。一考试，我心里就特别慌，往往平时会做的题，考试的时候也不会了。

妈妈是省级优秀教师，她最大的本事就是能让成绩差的学生变为成绩好的学生。她教出的学生，清华、北大有好几个，硕士、博士也有好几个。作为她的女儿，成绩上不去，我心里很替妈妈觉得没面子。

三

升入初中后，离开了原来的那个环境，心理压力小了，我的成绩又慢慢上升，我对自己也有了些信心。我想，初中三年要好好努力，我不仅要考上最好的高中，而且还要每次都考出好成绩，像跳级之前那样。

初一那年，我的成绩一直是稳中上升，但升得很慢。想想跳级之前的成绩，我心里就忍不住有些急躁。

初二上学期，学校组织合唱队，要参加一个全县的比赛。我报了名。在所有文体活动里，我最喜欢的就是唱歌。每次听到喜欢的歌，听一遍我就能唱下来。快乐的时候，想唱歌。特别不快乐的时候，也想唱歌。找一首悲伤的歌曲，边唱边流泪，唱完了，心里也就好受了。

对我来说，唱歌可以让心情变好，可以疗伤。

没想到的是，我却落选了。

我找到班主任老师，问为什么。

班主任老师没有正面回答我，只说等下次再有活动的时候一定考虑我，现在我的成绩正处于上升期，参加合唱队很占时间。

"下次吧，等下次咱们再有活动了，首先考虑你。我知道你喜欢唱歌，嗓子也好。这回已经定下来，报到校长办公室，也不好改了。下次吧。"老师说。

离开老师办公室的时候，我很伤心。

四

没能参加合唱队的事，一直在我心里搁着，就像肉里镶进了一块坚硬的东西，触到就难受。

看到合唱队的同学，每天下午课外活动的时候，三五成群地说笑着朝排练室走，我的心里特别难过。透过窗玻璃，看着他们的背影，我就想哭。

我想，老师肯定是看我长得不漂亮，才不让我参加合唱队的。

合唱队汇报演出的时候，学校组织各班级到操场上去观看。看着舞台上那些化了妆、穿着漂亮衣服的同学，我的心里说不出是什么滋味。那时我想，台上的某个站位，应该是我的位置。为什么，为什么我却在台下呢？难道就因为我长得不够漂亮吗？

看完汇报演出后，我悄悄哭了。

晚上回到家，我锁上自己房间的门，站在镜子跟前，端详着镜子里的那个人。确实,爸妈说的一点也不假,我长得真是像极了妈妈,鼻子有点矮,眼睛有点小。只有嘴巴,还有点像爸爸,有棱有角。

五

网上有一种被宣传得很神奇的贴膜,据说睡觉的时候把那个膜贴在鼻梁上,时间久了,鼻子就会笔直挺拔。还有一种能让单眼皮变成双眼皮的膜,每天晚上把那条细细的类似透明胶的东西贴在眼皮上,久而久之,眼睛就会变大,眼皮就会变双。

我没有支付宝账号,就请同学帮忙在网上买了两盒。对这两样东西,网上的评论有好有坏,但我宁可信其好的一面。如果没有作用的话,那些好的评论哪来的呢。再说,即使真的没什么作用,至少不会出现什么问题。

每天晚上临睡前,我锁上门,对着镜子,先粘了鼻梁贴,再粘双眼皮贴。早晨起床后,先对着镜子看,看鼻子和眼睛与前一天晚上比,有没有什么变化。

以往,晚上写完作业,我困得脸都不洗就睡觉。自从买了那些贴之后,我就不一样了,做作业的时候,就想着快点完成,然后把那些东西尽快贴上。

以往,早晨到了非得匆忙起床的时候,我才闭着眼睛穿衣服,闭着眼睛潦草地洗漱,匆忙吃点饭就跑着下楼。自从贴了那两样东西,不管起床后多么匆忙,我都要先在镜子跟前仔细检查自己的鼻子和眼睛,看看是否有变化。

六

初三上学期,我的成绩在不断下滑。爸妈见我的成绩一直上不去,也就不再要求我有跳级之前那样的成绩,他们说只要能上重点高中就行。他们这样说，也是出于无奈。

我知道，以我当时的成绩，考重点高中，也不是很有把握。

初三下学期，我不再考虑如何让自己变漂亮的问题，也不再想着赶回到前几名的位置。我把一切都放下，心里只有学习，虽然这很难，因为脑子里总是有这样那样的问题困扰我。每当那些杂七杂八的念头跑过来的时候，我没有像以往那样由着它们往前冲。我抬起手，用力拍拍自己的脑袋，把它们赶跑，然后把思路迅速切换到学习上来。这一招还挺管用的。

半个学期的时间，我的成绩在班里前进了十多个名次。

比录取分数线多了十分，我考上了重点高中。

初三下学期的经历，让我对自己有了信心。我想，只要大脑不由着那些乱七八糟的东西往前走，心思还是能稳住的。只要心稳了，学习还会上不去？我暗下决心，高中三年，一定不能再分心了，要拼一把，考个好大学，给自己长志气，也给爸妈脸上添光彩。

七

没想到的是，我的高中三年却是在极端不稳的状况下度过的。

爸妈不知怎么就开始不停地闹矛盾。起初还避着我，后来闹到了一定程度，就不再避任何人了。

闹了半年多，他们就分开了。我跟妈妈过，爸爸去了爷爷家。

我成了单亲家庭的孩子。

高二上学期，我不可救药地喜欢上了高三的一名学长。关于他的任何信息，我丝毫都不放过。每天放学后，我悄悄跑到离他教室不远的地方，看到他从班里走出来，我的心就忍不住怦怦狂跳。看到有女同学跟他说话，我心里就很不好受。

在一个专用的本子里，我给他写了好多好多信。可是，我不敢把那些信给他，我怕他笑话我。

有一天，我又到能遇到他的地方去等他。我等他，并不是要跟他说什么或做什么，只是想看他一眼。那天，他看到我的时候，突然对我笑了笑，接着就从我身边走了过去。

他微笑的样子，像极了王力宏。

那个微笑，让我回味了好久好久。那个微笑，让我鼓起了勇气。再次见面的时候，我把一封信递给了他。

随着那封信，我的心，似乎也一并送了出去。

终于，我等来了他的信。那一刻，我幸福得简直要哭了。

找个没人的地方打开信，他说，他现在不想谈感情。他还说，我们俩不合适。他最后说，让我以后不要写信给他了。

看完信，我真哭了。但不是因为幸福。

八

他不喜欢我。他一定是觉得我不够漂亮。

我那么喜欢他,他却不喜欢我。所谓的"不合适",还不都是借口!还没相处,怎么就知道不合适呢?

晚上回到家,妈妈不在,她到市里开会,明天下午才能回来。

我对着镜子呆坐了很久,越看越觉得镜子里的那个人丑。鼻子太矮了,眼睛太小了,我越看越生气,抓起镜子,狠狠摔到了地上。镜子碎了一地,我转身趴在床上,痛哭起来。

哭够了,我找出那些信,想撕碎或烧毁,最后读一遍,读着读着,我忍不住又哭起来。

那些信,我没舍得毁掉。

上学的时候,我强迫自己不朝那间教室的方向看。放学的时候,我也不再急着朝那个教室的方向走了。我坐在教室里,等同学们走得差不多了,我才慢慢走出教室,慢慢往家走。

高三那年,我没能像初三那样把学习赶上去。我越想往上赶,成绩越上不去。最后,连我自己也对自己失望了。

高考成绩下来了。我的分数,只比本科最低录取分数线多了一分。

九

大学功课相对轻松了不少，生活也自由了很多。无所事事的时候，整容的念头，重新在我脑海里翻腾起来。

我是那种一根筋的女孩，想到一件事，就不会轻易放下。

整容这根小芽芽，在无拘无束的状态下，终于蓬勃生长起来。

我为自己制订了计划，一定要在大一暑假的时候把这件事完成。从网上搜了好多整容医院，经过反复对比，我暂时确定了两家。等我再慢慢对它们进行研究、考察、比对，最终确定一家各方面都合适的医院。

接下来最大的问题就是整容的钱如何解决了。我知道，整容手术费比较贵，要好几万。

跟爸妈要钱？别的钱他们也许会给我，但如果说去整容，他们肯定不给。我试探过多次了，他们一直不赞成我整容。假期的时候打工挣钱？工作是不是好找还不一定，就算我真的能找到工作，一个假期的工资，也就是整容费用的十分之一吧。用打工的钱去整容，那要等到猴年马月才能把钱攒够呀。跟同学朋友借钱？他们也没有多少钱，这么大的数目，到哪去借？再说，即使真的能借到，自己又拿什么去还呢……

钱的事，一直困扰着我。我思来想去，也找不到一个好的解决办法。

十

那是个周末,我在宿舍睡到自然醒后,随便吃了点东西,就躺在床上上网。刚打开页面,一条新闻跳了出来。我随便看了一眼,是说有个女孩去见网友,不仅被骗色,连身上带的钱、手机等也被洗劫一空。

类似的新闻，之前我也看到很多，便没往心里去。

想把这个页面关闭的时候，一个念头突然冒了出来：男网友把女孩骗了，女孩为什么不可以骗男网友呢！

男网友一般都是有孩子有老婆有工作的，他们破点财，一般也不太敢声张吧。

这个想法让我一下激动起来。对，让他在骗人前，先被骗一下。这样，他以后再也不敢骗女孩了，整容的钱也有了。真是个一举两得的好办法！

说干就干，我一改过去不加陌生人为好友的习惯，一气儿添加了几十个好友，从中筛选目标。对于不符合条件的，聊过之后就删除了。对于觉得有可能的，就继续保持联系。

十一

跟这个叫濮阳的男人见面，是他提出来的。之前我以为他在濮阳，后来他说，他姓濮阳，是复姓。

在聊天过程中，我感觉濮阳很有钱，性格也比较豪爽。他说他在一个事业单位工作，家里另外还有自己的企业。

我觉得他各方面都很合适，就重点跟他聊。

我们相互传了照片。照片中的濮阳，很帅气的样子。我的照片是P（用软件处理）过的，不知他的是不是也P过。

等到他第二次说见面的时候，我同意了。我选了一家离学校比较远的连锁酒店，作为见面地点。酒店是我从网上找的，为了熟悉环境，我还专门跑去实地看过。

见面的时候，我感觉濮阳跟照片上差距不小，估计他对我也会有这样的感觉。但既然来了，我们各自心里都揣着自己的打算，也就顾不了那么多了。

刚聊了几句，濮阳就想动手动脚的。按照计划，我本来是想让他先去洗澡，趁他去洗澡的工夫，把药放进他的酒杯里，等他出来后，再喝酒。第一次见面，总要先制造点情调。相信我的这个建议他不会反对。

我刚把带来的红酒倒进杯子里，还没说出让他去洗澡的事，这时他的手机响了，他走到门口去接电话。他边讲着，边走进了洗手间。

十二

第二杯还没喝完，濮阳就倒在了椅子上。

我打开他的钱包，里边的钱还真不少，有好几千的样子。临走，我把他放在桌上的手机和手表也一起带走了。因为我看到那部手机正是我喜欢的苹果5S。手表我不知道是什么牌子，看着也不错的样子。

回到学校后，我跟其中一家整容医院联系好，准备第二天到他们那里实地看一下。我想钱不够的话，可以一步步来，先整一处，等下次有钱了，再整别的。

没等到第二天，学校保卫处的人就带着警察来找我了。

我被带走的时候，室友们都露出了非常惊讶的表情。她们低声议论着，怀疑警察搞错了。

十三

想法实施之前,我没想到事情会这么严重。我想,拿走他的东西也是白拿,谁让他约女网友去宾馆见面呢。他这样做,很显然就是用心不良,就是想占女孩便宜。

我没想到事情竟然会这么严重。我没伤害他,往酒里兑的安眠药,我也是反复研究过的。药量既能够让我拿到钱后走远,又不会对他的健康构成危害。虽然他背叛了老婆来宾馆开房,但如果他身体出了状况,他家人肯定也有麻烦。为了弄清楚用哪种药、多大剂量这些问题,我上网查了好多资料。

那些日子,我就像着了魔一样,一门心思都在那件事上。

之前根本没想到,这事给爸妈造成了怎样的伤痛,给学校造成了怎样不好的影响。现在想想,自己都是大学生了,竟然没有半点法律意识,还做出这样不可理喻的事来,真是太可笑也太可悲了!

十四

我出事后,爸妈连夜赶到了学校。

一直很坚强很理性的妈妈,一把抱住我,哭得跟泪人一样,一把鼻涕一把泪的。爸爸跟妈妈离婚的时候,妈妈也没有这样哭过。

妈妈哭着说,一路上,她都在反思自己。她说:"我不是一个合格的母亲。以往,我对你的关心太少了。我一直以为,对自己的孩子是了解的。可实际上,你内心深处的东西,我真的知道得太少了。"

妈妈没有骂我无知,没有骂我给她丢脸。甚至,连一句指责的话也没有。

妈妈把我抱在怀里的时候,我的泪哗地一下就涌了出来。

不知道有多久没有跟妈妈这样抱在一起了。在妈妈温暖的怀抱里,我哭了很久,似乎把这十几年来积攒下的泪水,一次都哭了出来。

十五

我不想理爸爸,是他当初离开了我和妈妈。爸爸太自私了,他离开妈妈,还不是因为妈妈不如他现在的妻子漂亮!

爸爸流泪了。看他咬牙忍着眼泪的样子,我的心一下很痛。

我突然很想问爸爸一句,当初为什么选择离开妈妈和我,离开那个家。难道,就因为妈妈不够漂亮吗?

爸爸听完我的话,仰起头,笑了一下,泪水还是滚了下来。

爸爸说:"我跟你妈妈谈恋爱的时候,她就那样子,既然选择了跟她在一起,我就没有觉得她不漂亮。只是,十几年下来,我们性格越来越不合适。你妈妈是那种很要强的人,一心扑在事业上。当然,事业心重无可非议,但我却越来越无法忍受。每天早晨天不亮她就起床走了,晚上很晚才回来。我们几天都难得说句话,偶尔有时间交流,她也是说她的学生如何,她班里的成绩如何。我觉得在她心里，根本就没有我的位置。

"我越来越无法忍受。我跟你妈妈是协议离婚的，我们俩当时都同意离婚。当时，我怪你妈不顾家，你妈怪我没有事业心。一时气盛，就离了。

"现在想想，我太自私太无能了。作为一个丈夫、一个父亲，我非常不合格。既然选择了，就不应该中途离开。作为一个男人，应该有担当。我跟你妈妈之间出现问题的时候，我没有去寻找解决办法，而是选择了逃避。我太自私了，只考虑到自己的感受，却没有想到你妈妈和你的感受，特别是你的感受。"

爸爸用手捂着脸，失声痛哭。

一直以来我对爸爸的不解和怨恨，被泪水冲淡了。取而代之的，是我对自己所作所为的悔恨。

庭后絮语：

作为大一学生的尤美菁，应该有一定的法律意识。现实中的她，在实施抢劫前，却对自己的这一行为没有足够的认识。等到被公安机关抓获后，她才认识到，自己犯罪了，成为被审判的对象。

她说，那一刻，她觉得之前自己所思所想所做的一切，简直就像梦一样。

幼年时的尤美菁，是个聪明上进的孩子。那时的她，是快乐的。

父母的急功近利和自作主张，让尤美菁处在焦虑和对自己的不信任中。尤美菁从一个喜欢读书、喜欢考试，把读书当成乐趣的孩子，变成了时时想着要赶上以往的名次、怕给父母丢脸、怕考试、怕公布成绩的孩子。

父母间无意的闲谈，在幼小的尤美菁心里种下了根。自此，她便觉得自己长得不漂亮，这也为她一心想整容埋下了种子。

初中时没能入选合唱队，使她本来就脆弱的心灵受到了重创。其实，那是父母背着她的又一个安排，是父母找了学校的老师，不让她参加合唱队。他们没有征求尤美菁的意见，甚至也没有跟她说明原因。这使尤美菁固执地以为，没能参加合唱队，是因为自己长得不够漂亮。对于中学时的早恋失败，她不能理性地去分析前因后果，她的思想又重新回到了自己长相不漂亮这个点上。这为她的整容想法，又添了一个砝码。

在尤美菁的内心深处，长相是否漂亮，几乎成了她人生的全部。她不知道，一个人是否漂亮，容貌仅仅是一个方面，一个很小的方面。

父母离异，对其心理造成的阴影，也是不容忽视的。当父母选择分开的时候，没有跟她进行很好的沟通，使她误以为，女孩就要漂亮，就要美丽，才会被爱。妈妈很优秀，是省级优秀教师，可后来还是被爸爸抛弃了。这一切，使她在追求所谓"美丽"的路上走了极端。作为离异家庭中的孩子，尤美菁没有很好地享受到父亲的呵护与引导。整天忙于工作的妈妈，也只关注她的学习成绩，忽略了她的内心感受。这导致了尤美菁心理上的偏差。

对尤美菁提出的整容想法，作为教师的妈妈，没有正面对其加以引导，而是简单地以为，女儿只是一时的信口开河，所以她并没把女儿的话当回事。

庭审结束后，我跟尤美菁的妈妈聊了很久。聊到女儿想整容的事，她说："如果班上的孩子跟我说这样的话，我肯定会想得多一些，找出根源，然后对她进行引导。可是，自己的女儿这样说，我却以为她是开玩笑，是随便那么一说。当时我还说，看你妈妈也不漂亮，比你丑多了，你看你妈现在活得不也挺好的嘛。

"当时菁菁听了，没说什么，只是很不屑的样子，冷笑了一下，就离开了。我没在意，只当她是小女孩的一时兴起，哪知道她心里一直有这个想法呢。如果早知道这样的话，我会引导她的。如果引导不成功，她真的那么想整容，我也会同意并资助她。毕竟她也不是拿了钱去做啥坏事。

"到现在我也想不明白，对学校里的孩子，他们心理有啥问题，我都能看出来，也能对症下药。有许多所谓的问题孩子，在我的班里，慢慢地就变成了好孩子。好多家长，为了能让孩子进我的班里，找校长找教委领导，甚至有的都找到了县里分管教育的领导。对自己的孩子，我唯一的女儿，我是爱她的，可为什么她心理上的一些问题，我竟然就没有发现呢。我工作确实是很忙，但也没忙到忽略自己女儿的地步呀！现在想想，我连个合格的家长都不是，还谈什么优秀教师呢。"

尤美菁的悲剧，是多方面造成的，但最主要的，还是她自己。作为一名大学生，她应该有正确的价值观、人生观、世界观。悲哀的是，在实施抢劫前，她竟然没有意识到这是违法行为。如果她稍稍有点法律意识的话，如此的悲剧，也许就不会发生了。

鉴于尤美菁犯罪时已年满 16 周岁，为完全刑事责任能力人，检察机关对其依法提起诉讼。

归案后，尤美菁能积极协助公安机关调查，对其所犯罪行供认不讳，其亲属对被害人进行了赔偿，取得了被害人的谅解。法庭考虑到尤美菁未满 18 周岁，在量刑上，给予了轻判。

尤美菁采用不法手段，将别人的财物据为己有，构成抢劫罪。综合所有因素，尤美菁被依法判处有期徒刑四年。

后 记

青春是危险的,它特别容易被煽动,打着正义的旗号伤害他人。

——维克多·雨果

出生的时候,你们都是天使!挥舞着翅膀,你们来到了人世。父母亲人从你璀璨如星辰般的眸子里,看到了未来,看到了光明,看到了希望。

可是孩子,你是在哪一段路上,跌了一跤呢?

是因为无知?

是因为任性?

是因为冲动?

是因为父母师长以爱的名义让你感到的被欺骗被伤害?

是因为缺少了必要的指导与呵护?

还是别的更多更复杂的因素?

是什么,蒙蔽了你的双眼,让你看不清前进的方向。

一时的迷失,使你找不到回家的路。

曾经,你成了折翼的天使。

孩子，不论是哪种原因让你跌倒了，希望你能坚强，能咬牙爬起来，抹净脸上的泪水，拍打掉身上的泥土，从头再来，重新开始。

亲爱的孩子，可怕的不是伤痛，只要你有决心，有毅力，你一定能重新起飞，在蔚蓝的天空，寻找你曾经失去的梦、失去的爱和失去的自己。

这需要你的坚强、你的毅力、你的决心和你的勇气。

人生的路有坎坷有泥泞，爱你的人们不希望你再次跌倒哦，孩子！

任何的伤痛，都会痊愈的——只要你正视自己，正视人生，正视面前的路！

许多年后，当你也有了自己的孩子，当你面对着那双同样璀璨如星辰般的眸子的时候，我希望你能大声并自豪地对他（她）说：

宝贝，你的父亲（母亲）曾经跌倒过。但是，我站起来了！宝贝，我可以无愧地说，我不是一个让你失望的父亲（母亲）！

（书中所有未成年人均为化名）